敏捷宣言

敏捷开发如何赋能项目管理

[英] 阿德里安 · 佩恩 著
（Adrian Pyne）

田丽 译

AGILE BEYOND IT

HOW TO DEVELOP AGILITY IN PROJECT MANAGEMENT IN ANY SECTOR

中国科学技术出版社
· 北　京 ·

AGILE BEYOND IT: HOW TO DEVELOP AGILITY IN PROJECT MANAGEMENT IN ANY SECTOR by Adrian Pyne, ISBN: 9781788603270

北京市版权局著作权合同登记 图字：01-2024-0618

图书在版编目（CIP）数据

敏捷宣言：敏捷开发如何赋能项目管理 /（英）阿德里安·佩恩（Adrian Pyne）著；田丽译 .— 北京：中国科学技术出版社，2024.6

书名原文：AGILE BEYOND IT: HOW TO DEVELOP AGILITY IN PROJECT MANAGEMENT IN ANY SECTOR

ISBN 978-7-5236-0507-3

Ⅰ .①敏… Ⅱ .①阿… ②田… Ⅲ .①项目管理 Ⅳ .① F224.5

中国国家版本馆 CIP 数据核字（2024）第 042766 号

策划编辑	何英娇　于楚辰	**执行策划**	于楚辰
责任编辑	孙倩倩	**执行编辑**	何　涛
封面设计	潜龙大有	**版式设计**	蚂蚁设计
责任校对	张晓莉	**责任印制**	李晓霖

出　　版	中国科学技术出版社
发　　行	中国科学技术出版社有限公司
地　　址	北京市海淀区中关村南大街 16 号
邮　　编	100081
发行电话	010-62173865
传　　真	010-62173081
网　　址	http://www.cspbooks.com.cn

开　　本	880mm × 1230mm　1/32
字　　数	187 千字
印　　张	8.25
版　　次	2024 年 6 月第 1 版
印　　次	2024 年 6 月第 1 次印刷
印　　刷	大厂回族自治县彩虹印刷有限公司
书　　号	ISBN 978-7-5236-0507-3 / F · 1213
定　　价	69.00 元

序

回想起我当年获得项目经理资格时的情景，尽管我完成项目管理课程并取得证书，但非常缺乏实际管理经验。当时，我多么希望能有一些指导书，以免我总是打扰有经验的前辈。

随着了解的深入，我开始意识到项目管理不是机械地遵循规则，而是应对挑战并结合具体情况。计划很重要，但应对变化做出快速反应，并在问题变得严重之前给予干预，才是项目成功的关键。

阿德里安撰写的这本书让人赞不绝口，它专注于项目管理，力求促使项目成功，除了一些正式的方法（这些方法很重要），还包括与不同风格的领导和项目干系人互动的方法。我很喜欢本书中的实战故事，它们体现了实际项目的成功和失败。

如今，项目经理面临的主要挑战是敏捷开发的到来。事实上，在早期，人们认为不需要进行项目管理。值得庆幸的是，这种想法正在改变，部分原因是一些敏捷开发方案因缺乏项目管理而失败。然而，对项目经理来说，问题是如何让敏捷开发在项目中健康发展。例如，接受变化并在必要时进行调整，以及促进所有人员之间的协作和积极参与。

对项目经理而言，敏捷开发意味着什么？一套全新的规则？忘记所学的一切？本书意在表明，拥抱敏捷开发对优秀的项目经理来说并不是一项繁重的任务。事实上，大多数项目管理原则都可以完好保留。阿德里安向我们表明，敏捷开发是一

类别（如市场营销、工程施工等）角度——了解敏捷开发的人，尤其适合正在从事软件开发工作的人，还适合经常使用敏捷开发框架（如 Scrum）做项目的群体。

无论你所处的是哪个行业（如航空、建筑、采矿、零售和许多其他行业），无论是私营部门还是政府公共部门，本书将让你了解敏捷开发如何帮助你。

我不会忽视信息技术（IT）领域的项目、项目集和项目组合管理，但需要说明的是敏捷开发管理的应用远远超越信息技术领域。

前言

如果你期待更频繁、可靠地利用敏捷开发方法，并从项目中获得价值，本书就是你的不二之选。

敏捷开发是我们这个时代的流行语之一。亚马逊公司（Amazon）和优步公司（Uber）等行业颠覆者在以令人难以置信的方式崛起。它们以及金融领域的许多公司，都将其成功归功于敏捷开发。商业媒体经常发表文章强调，组织需要变得敏捷以保持竞争力。敏捷开发在信息技术领域占绝对主导地位。

对我来说，敏捷开发的关键驱动力是更成功地完成项目，从中获得更多价值。这也是我们做项目的原因之一。

然而，敏捷开发不是灵丹妙药，也不容易实现。如果实施正确，它可以使项目绩效发生阶梯式的变化。在我 30 多年的职业生涯中，我所了解到的大多数研究都表明，即使跨部门，整体项目成功率也只能维持在 40%~60%。

→

是的，也就是说，每 1000 万英镑中就有 400 万 ~600 万英镑被浪费。

这并不意味着项目管理在此期间一直止步不前，稍后我将说明。令人遗憾的是，基于项目的活动数量的上升，日益扩大的项目范围和复杂性，似乎并没有让项目的总体表现有所改观。要实现阶梯式改进，我们需要做的还很多。

分项目管理大大自动化。它提供了实时信息、趋势和预测，使项目专业人员能够花更多的时间关注最难解决的项目干扰因素——人。

敏捷开发、项目经济和人工智能之间的关系在于整合到整体的项目方法中。再想想那些擅长项目管理的组织，他们都有整合的方法。本书将展示三者如何整合和保持。

敏捷开发从何而来？

这个问题没有简单的答案，因为敏捷开发是一条由许多支流汇成的河。看板（kanban）和精益生产（lean manufacturing）都是其中的支流，它们都是日本丰田公司（Toyota）在20世纪40年代为汽车制造业设计的管理方法。本书的另一个源头是《敏捷软件开发宣言》（*Agile Manifesto*）。《敏捷软件开发宣言》是由17位软件工程专家在2001年共同起草并发表的，他们试图摆脱繁杂文档的传统开发方法，使开发变得更精益，更敏捷。

从那时起,《敏捷软件开发宣言》让敏捷成为许多人的共识。为什么？

1. 敏捷意味着开发具有灵活性，这是许多组织梦寐以求的，他们不想落后于行业颠覆者，被时代所抛弃。新冠疫情是最新的、相当可怕的干扰因素之一。

2.《敏捷软件开发宣言》巧妙地描述了什么是敏捷开发，并得到了广泛的认可。它也适用于软件开发之外的其他领域。

3.《敏捷软件开发宣言》提出了一个一致、整体的框架，不仅是在项目、项目集和项目组合层面，而且包括项目的组织环境。也就是说，一个组织如何做才能构建和保持成功的敏捷开发项目。

以上这些都意味着：

4. 向组织、客户、领导和员工证明项目敏捷性的巨大价值是简单直接的。

毫无争议，专注于价值交付是最重要的敏捷原则。

遗憾的是，《敏捷软件开发宣言》也有一个致命弱点。许多人无法将敏捷开发与软件开发分开。很多关于所谓敏捷开发管理的书都颇有说服力地阐述了敏捷软件开发项目的管理。然而，很少或根本没有区别项目管理和软件开发。它们显然不是同一件事。这是一个常见且代价颇高的错误，敏捷开发经常因此而受到指责。

要让敏捷发挥作用，需要使其适用于各个领域，从营销到采矿甚至建筑。本书将项目敏捷性跨越到信息技术领域之外。

这本书适用于以下群体：

- 希望了解项目敏捷性的人员；
- 期望培养优秀的项目专业人员的管理层；
- 想在组织中建立并保持综合的、高绩效的项目交付能力的项目负责人。

最后一条可能会带来新的操作模式，使项目能够顺利实施并产生价值。详见本书第 5 章和第 6 章。

目录
CONTENTS

CHAPTER 1 第1章 敏捷开发在项目管理中的应用

CHAPTER 2 第2章 敏捷开发的知识框架

CHAPTER 3 第3章 关于敏捷开发的五个危险假设

CHAPTER 4 第 4 章 敏捷开发的组织环境

CHAPTER 5 第 5 章 敏捷开发管理之人员管理

CHAPTER 6 第6章 敏捷开发管理之过程管理

CHAPTER 7 第 7 章 敏捷开发管理之管理工具和人工智能

CHAPTER 8 第 8 章 敏捷开发管理之项目集和项目组合

CHAPTER 9 第 9 章 在项目中变得敏捷

CHAPTER 10 第 10 章 结论

第 1 章

敏捷开发在项目管理中的应用

CHAPTER 1

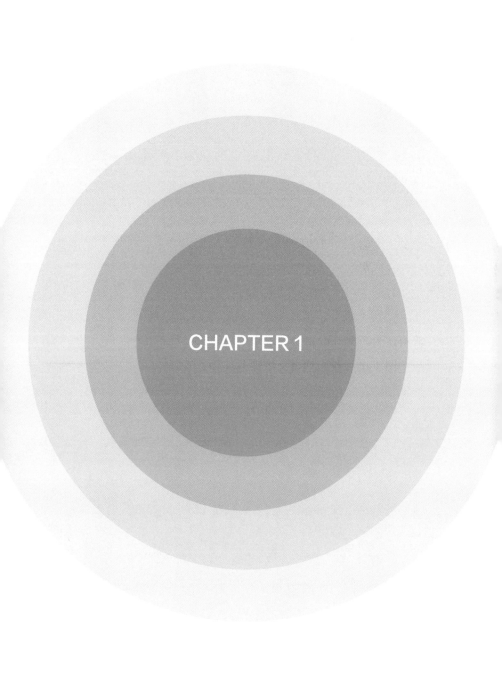

敏捷开发如何为企业带来价值?

商业领袖们正在努力打造敏捷组织（agile organization），或者在具体领域——比如软件开发或者项目管理——应用敏捷开发，他们非常认可敏捷开发为公司带来的显著价值。

英国博安咨询集团（PA Consulting）2021 年报告《敏捷组织的发展》指出，财务业绩前 10% 公司较其他公司敏捷性要高 30% 以上。同时，根据美国项目管理协会 2020 年《职业脉搏调查——保持领先：锻造以未来为中心的文化》，受访的管理者普遍认为敏捷开发是公司未来成功的三大要素之一。

图 1-1 为我们列举了敏捷开发的各种益处。

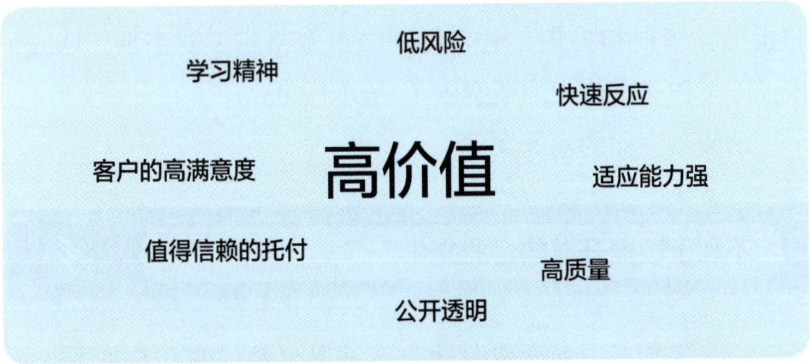

图 1-1　敏捷开发的各种益处

媒体热衷于报道亚马逊公司一类的行业颠覆者和数字化企业，而敏捷开发恰恰是此类企业经营的核心理念。此外，一些

被称为“蓝筹股”的英国公司却被斥责为墨守成规，比如 2021 年 10 月《经济学人》的一篇文章就曾报道一些“蓝筹股”发展缓慢，敏捷性没有提升。

伦敦商学院（London Business School）企业全球战略和创业学院教授朱利安·伯金肖（Julian Birkinshaw）的观点印证了上述看法。在谈到企业的行为时，他使用了“灵活组织结构”一词，这种公司结构聚焦于抓住商业机会、解决问题并实现目标，为组织创造各方面价值。“灵活组织结构”非常恰当地描述了商业世界的颠覆性企业，比如亚马逊公司和优步公司。

2016 年在维也纳举办的德鲁克全球论坛上，朱利安·伯金肖教授大胆地提出了“我们迎来了敏捷时代”。敏捷开发的特征与“灵活组织结构”相得益彰。因此，当组织正在创建或者正在重建自己的“灵活组织结构”时，他们无疑是具备敏捷性的。

“灵活组织结构”和敏捷开发两者的关系紧密，如同苹果派和蛋挞、培根和鸡蛋、著名舞蹈演员金格尔·罗杰斯（Ginger Rogers）和弗雷德·阿斯泰尔（Fred Astaire）。

请阅读下面的商业案例。

不利于敏捷开发的企业文化

几年前，我受邀指导一家英国金融机构，具体名字不便透露。该公司的信息技术部门率先实施了敏捷开发管理，取得了良好的效果，该公司期望将敏捷开发管理扩展到全公司。起初，我对公司进行了深入调

研，了解企业文化（详见第 4 章）。评估后，我发现该企业高度集权，授权度低，风险和失败容忍率低，竖井式管理。其后，我询问管理层准备在多大程度上改变现有工作模式，实施敏捷开发管理，比如在工作过程和管理上做出改变。他们的回答是："步子不要迈太大！"因此，我意识到他们没必要浪费资金用于敏捷开发改革，因为目前的企业文化非常不利于敏捷开发。通过个人观察，我发现该公司正在面临潜在的商业风险，其市场份额正在被业内崛起的竞争对手侵蚀。当然，这些问题并不属于我的咨询范围。

此外，我再次重申敏捷开发可以应用于公司经营的各个方面，并有可能获得巨大收益。斯坦迪什集团（Standish Group）在 2018 年的 *Chaos Report* 中给出的项目成功率数据显示：

采用敏捷开发管理的公司，42% 的项目获得成功。

采用传统瀑布式开发管理的公司，23% 的项目获得成功。

基于以上研究，结论显而易见，敏捷开发管理显著优于传统瀑布式开发管理。

关于斯坦迪什集团及其类似的调查研究，值得我们注意的一点是，他们调查的范围是软件开发项目还是所有项目管理的敏捷性？我将在第 3 章中说明它们的重要区别。

除此之外，许多组织迫切地希望实现敏捷开发。然而，从中长期来看，他们坚持的工作方式可能会毁掉这一想法，因为

他们短期内无法摆脱对熟悉事物和舒适区的依赖。

《敏捷软件开发宣言》——敏捷开发的基础

在《指环王》（*The Ring*）中，霍比特人比尔博（Bilbo）想要把至尊魔戒带到摩多（Mordor），把它扔进火里去消灭黑暗魔君索伦（Sauron）—— 因为他认为自己有责任这样做。巫师甘道夫（Gandalf）提醒他，他发现魔戒的那一刻只是万里征程的一个开始，但他并不是至尊魔戒的缔造者。幸运的是，比尔博听从了甘道夫的建议，比尔博的侄子弗罗多（Frodo）接管了魔戒。

对敏捷开发的探索并不是从《敏捷软件开发宣言》才开始的。早在 1987 年，我就在项目中观察到一些敏捷开发行为。

2001 年，一群经验丰富的软件开发人员共同起草并发表了《敏捷软件开发宣言》，为敏捷开发的研究提供了一个里程碑式的成果。它对敏捷开发方法的描述和创建产生了巨大的影响（第 5~8 章将详细介绍），足以作为敏捷开发管理的入门必读资料。如今，敏捷开发已经在项目中被广泛应用。

《敏捷软件开发宣言》由敏捷开发的十二个原则和四个核心价值组成。

值得我们注意的是，这些只是一些敏捷开发原则。不要把它们奉为圭臬，它们也不是刻在石碑上的至理名言，它们也不完全科学，因此我们可以开放性地加以解释。然而，它们确实能从根本上帮助我们形成敏捷开发思维。

敏捷开发的十二个原则分别是：

原则一：我们的最高目标是，通过持续尽早交付有价值的软件来满足客户需求。

专注于为客户提供价值。先做最有价值的事情；“快速试错”这一术语经常被敏捷开发人员提到，他们表示如果项目必须经历失败，最好能尽早了解失败。

原则二：欣然面对客户需求变更，即使在项目开发后期也不例外。敏捷开发过程善于利用需求变更，帮助客户获得竞争优势。

为了给客户带来最大的价值，过程必须灵活。积极应对变化比坚持计划更重要。

原则三：频繁交付可工作的软件，周期从几周到几个月不等，且越短越好。

提供客户价值越快越好；出错时间越短越好；外部因素对交付的影响越少越好。

原则四：在项目过程中，业务人员与开发人员必须始终一起工作。

在传统瀑布式开发中，业务人员（如行业专家）通常只在开发周期的某些时间点（例如，需求制定和用户验收）与用户一起工作。敏捷开发强调开发团队在整个开发周期里都在一起工作，这是至关重要的。这样的深度合作大有裨益，比如快速做出正确的决策，减少相互误解的风险等。

原则五：要善于激励项目参与人，提供所需的环境和支持，相信他们最终会实现目标。

当员工理解自己所做的事情且有成就感时，工作效率最高。让他们轻松地做好工作，消除障碍，尽量减少对他们的干预。确保他们能获得承诺的资源或者一个愉快的工作环境。确保午

餐地点很近，他们不用花一半午休时间去买三明治。如果他们对工作有想法，又具备相应的能力且感觉有信心，为什么不放手让他们去做呢？

原则六：无论团队内外，信息传达最有效的方法是面对面交谈。

沟通，沟通，再沟通。

原则七：可工作的软件是项目进度的首要衡量标准。

定期提交可用的、符合客户要求的软件。

原则八：敏捷开发过程提倡可持续开发。项目发起人、开发人员和用户都能够始终保持步调稳定。

一定要创造有挑战的工作环境，让团队和个人都勇于施展才华、挑战自我。同时，不要给团队施加太大压力，让个人和团队都精疲力竭。

原则九：坚持不懈地追求卓越的技术和良好的设计，提升敏捷性。

敏捷开发不是偷工减料的借口。保持对技术的极致追求（如严格的编程标准），对测试通过、产品维护来说都非常重要。

原则十：简洁为本是极力减少不必要工作量的艺术。

一旦完成了既定的工作（满足了要求），就停下来。你做得已经足够好了。

原则十一：最好的架构、需求和设计出于自组织团队。

如果团队里有合适的人才，完全可以满足客户所需，他们必定会以饱满的工作热情去完成。有时他们会难以抑制地主动做创新性的工作（请参考原则十）。

原则十二：团队定期反思如何提高效率，并据此调整团队的行为。

具备自我学习和提升能力的团队是非常有益的。团队会形成内驱的敏捷开发行为，整个团队会主动挑战自我。

除了上述原则，《敏捷软件开发宣言》还体现四个核心价值。请注意，这四个核心价值是针对软件开发项目的，不一定适用于所有的项目。

核心价值一：个体以及互动胜过过程和工具。

敏捷开发管理更注重人，而不是过程和工具。人能够对客户需求做出反应，推动项目进程。过程和工具对灵活的合作行为起到了协助的作用，从而更好地响应变化，满足客户需求。

核心价值二：可用的软件胜过完备的文档。

完备的文档不能推动软件开发，而是开发的成果，文档是必要的且不能被忽视。详尽的文档和工作审批过程应该尽可能简化。虽然文档有其价值，但在敏捷开发思维中，软件才是最终目标。对按部就班的过程灵活运用将大幅提升工作效率。

核心价值三：客户合作胜过合同谈判。

敏捷开发团队涉及人员众多，如客户、项目交付专员等。因此，重点是不断关注客户的需求。协作行为意味着团队中各方都有双赢的思想，朝着共同的目标迈进。合同恰恰体现了这种直接的工作方式。

核心价值四：应对变更，而不是遵循计划。

当变更出现时，传统的项目管理方法尽可能避免变更。而敏捷开发则评估变更是否可能带来增值。敏捷开发通常采用短迭代的形式，有时被称为 sprints。Sprints 简短的特点允许项目变更，甚至将变更作为改进开发和增值的一种方式。

将《敏捷软件开发宣言》应用到项目中

我们先来谈谈敏捷开发的四个核心价值。当这些价值观应用到项目管理时，变化是微妙的，而效果是显著的。

核心价值一：个体以及互动胜过过程和工具。

毫无疑问，交付项目的是人，而不是过程和工具。敏捷开发重视人而非过程和工具。因此，项目运行和管理中，对待人、人的行为、关系、需求等要认真，如同对待过程一样。不要忘记项目是在组织中完成的，组织中有强制性的治理和保证等。在实践中，项目中的人、过程和工具三方面必须整合和平衡。

核心价值二：可用的软件胜过完备的文档。

项目是需要产生结果的，并最终带来利益，即价值。这就是项目的意义所在。敏捷开发意味保持简洁，避免不必要的工作。例如，可以优化文档——做到刚刚好，以最简单的方式制作和交付，使得团队专注于输出结果。

核心价值三：客户合作胜过合同谈判。

软件开发也是如此。相互协作的敏捷开发团队涉及人员众多，如客户、项目交付专员等。因此，重点是不断关注客户的需求。协作意味着团队中各方都有共赢的思想，朝着共同的目标前进。合作恰恰体现了这种直接的工作方式。

核心价值四：应对变更，而不是遵循计划。

对许多人来说，这是敏捷开发最具挑战性的价值观。项目应该有一个明确的方向。过于随意的变更可能会使项目方向不明确，甚至破坏交付价值。在敏捷开发管理中，变更是受欢迎的，但前提是变更能够增加或至少保持交付价值。高效率的变更控制管理是至关重要的，这意味着你要在早期淘汰不能带来

显著增值的变更。另一个不同之处在于，敏捷软件开发采用迭代开发；也就是说，敏捷开发将项目分解成 chunks 或 sprints [相对于项目阶段的最大区别在于，sprint 交付一个可用的产品，而不仅仅是在制品（work-in-progress）]。敏捷开发适用于所有项目生命周期，而一个项目集本身就包含多个生命周期。

图 1-2 展示了典型的项目生命周期。

图 1-2　典型的项目生命周期

讲完了《敏捷软件开发宣言》的四个核心价值，现在让我们看看敏捷开发的十二个原则在项目中的应用。

敏捷开发原则影响整个团队和个人的思想，从开发人员到公司高层。项目的目的是为客户提供价值，我们就从价值开始谈起。

- 专注于交付价值

如今，几乎没有人质疑项目或项目集的目的是为客户提供价值。然而，在二十年前甚至十五年前，大多数项目管理培训都在强调项目的目的是产生结果。当然，也有人会担心这些结果是否能产生实际效益。

因为交付了产品成果、资产或性能后，项目就结束了。产品投入使用，客户希望以某种形式从中获得价值。然而此时，项目通常已经结束，开发团队将继续下一个项目。

想想看，有多少信息技术项目在系统移交给客户时即结束，又有多少建筑项目在移交时结束？现实情况是，投资的价值完全取决于软件用户或建筑物的居民的使用情况。然而，项目开发人员和建筑人员移交时却说："已经不关我的事了。"

但是，今天，任何项目交付产品性能都是为了获得客户利益。

敏捷开发在这方面也没有什么不同。不同的是敏捷开发团队的思维是持续关注项目的最终目标。团队所做的每件事——工作方式、应对变化、安排工作的优先级——必须始终围绕以下问题：这将使项目价值最大化吗？

当然，这意味着项目从一开始就必须明确目标和结果，而且目标必须是可衡量的，无论是直接的还是间接的。判断项目的合理性，即所获得的价值，通常需要经过商业论证。

如果你了解敏捷软件开发，你一定知道最小价值交付（minimum viable product）这个术语。在敏捷开发管理中，这代表了使项目可交付的最小产品成果。如果在时间和资金有限的情况下，最小价值交付能交付的价值越多越好。

注意：项目成果并不总与资金有关，特别是在政府公共领域，例如项目目标是减少流浪汉的数量。针对具体项目，要注意如何定义项目的最小可行产品。

为了在可能的情况下专注于最小价值交付，同时交付更多的产品成果，在项目开始时，对需求进行优先级排序是至关重要的。

● 满足客户

以客户为中心是我们这个时代的标志和商业宗旨，敏捷开发也不例外。与上一条原则——专注于价值交付——的区别是，因为项目有诸多项目干系人，客户只是部分项目干系人，这些

价值是为他们提供的。然而，其他项目干系人也会受到项目的影响，例如居住在高铁附近的住户。

项目满意度评估主要是通过项目控制，定期显示项目进度。敏捷开发要求公开而坦诚地展示项目进度，也就是说，告诉我并展示给我看。不管哪种类型的生命周期，项目必须定期展示其实质的进展。即使进展只是一小步：目前只有这一点是可行的，你看……好……下一个！从项目目标到已有的产出，应该有追踪记录。

让客户满意也意味着定期公开、真诚地沟通，即使项目进展不顺利，也要获得并保持相互信任。

展示敏捷开发处于控制之中也可以获得信任。一些探讨敏捷开发的作者淡化甚至忽略了项目确定性。敏捷开发从来不意味着没有文档或失去控制，而是优化控制级别。我更喜欢“优化”这个词，而不是“最小化”，因为在敏捷开发的过程中，控制级别最小化可能强烈地意味着忽略了一些需求。

项目管理的重点是助力价值交付，不是让控制成为阻碍。

● 明确角色和职责

传统的项目管理中，针对所有参与者和相关者，或者针对一个项目，明确角色和职责非常重要。敏捷开发管理也同样如此，但敏捷开发同时鼓励灵活性。如果有必要，在短时间内，角色灵活转换是有裨益的。例如，当一位团队成员外出度假时，另一个成员可以接替他参与团队工作，这就是灵活性——也是敏捷性。

敏捷开发还需要高层管理者（尤其是项目发起人）对项目的高度参与。

- 刚刚好

刚刚好是敏捷开发的核心。一个项目需要在所有方面都刚刚好。对一些人来说，刚刚好意味着不够好，但从定性的质量管理上来说，刚刚好就是意味着足够好。

项目的输出、结果或功能超出其目的所需，没有额外的好处。事实上，基本上可以肯定会花费更多的时间和资金，而且可能会占用更多的关键资源。而且，它还会剥夺其他活动（如运营活动）或其他项目的资源。

什么都刚刚好看起来是非常棘手的，第 4 章会做出更详细的介绍。一般来说，如果需求和验收标准满足商业论证的条件，那么应该开始设计和构建了。追踪记录很重要的另一个原因是——你可以随时回顾评审，并证明解决方案满足需求。

对于传统项目管理，项目必须处于可视化的管理控制之下，并符合适当的组织治理。然而，敏捷开发意味着挑战你正在做的事情。不妨问一下，我们的确需要这份报告、这种程度的细节和这次会议吗？

- 拥抱不断变更的需求

在传统的项目管理中，需求变更通常会遭到抵制或拒绝。

敏捷开发意味着在项目过程中更开放地接受变更，但要记住对价值的关注。任何提议的变更都必须增加最终交付的价值，或者至少保持。

- 可获得支持的工作环境

科特（Kotter）是一位变更管理大师，他大力提倡变更带来的力量，并且保持这种力量。

敏捷开发意味着项目在组织中能够获得支持，顺利进行，实现成功。在许多组织中，项目进展并不太容易，或者很难与

操作流程和步骤相适应。在客户组织中，项目也常常难以获得和掌握资源，或者很难获得项目干系人中关键人物的注意。

对任何项目、项目集和项目组合来说，这一直且仍然是一个核心挑战。但是对成功的敏捷开发项目来说，拥有可以获得持续支持的项目环境至关重要。

同样，毫无疑问，良好的工作环境这一原则也适用于项目内部；项目集管理（programme management）的发展在一定程度上为项目能够顺利进行保驾护航。

- 赋能团队

组织经常声称要赋予团队和个人权力，但真正实践起来要困难得多。

敏捷开发意味着项目以合适的方式授权，还意味着项目负责人既要授权，还鼓励项目中的个人和团队勇于承担授权。同时营造一种氛围，员工能够畅所欲言，提出有创造性或挑战性的建议。让他们感觉自己可以做决策，而不是一味地被动接受。

- 协作行为

协作是敏捷开发的另一个核心。

前面我说过，这意味着所有项目干系人都坚持共赢的思想。这就需要各方开诚布公地讨论如何从项目中获得合理的利益，特别是在客户–供应商关系中。

合作必须体现在项目的各个方面，从程序、工作行为到合同中的进度安排。注意：合作并不意味着每个人都参与所有的事情。

如果团队不能协同工作，敏捷开发还能存在吗？第 4 章将探讨这种复杂的情况。

● 反思、学习和调整

传统的项目管理中，项目回顾包括从已完成的项目中，甚至是在项目过程中总结经验。阶段关口（stage gates）的概念让定期回顾评审项目正式化。但通常情况下，这些经验往往只被记录下来就束之高阁了。

敏捷开发用两个层面上的行动来解决这一点。第一，敏捷开发团队紧密合作，相互启发，对分享和接受想法或经验都持开放态度。他们自然地认为“有人可能比我有更好的方法”；在组织层面，可能由项目管理办公室（project management office）制定获取和分享学习的机制。也可以培养互相学习的文化氛围。

● 快速试错

在传统的项目管理中，有一种看似合理的常见做法，就是尽快看到项目进展。高管层都喜欢“快速取胜”或“唾手可得的成果”。这些成果往往被首先交付，因为这样做既快捷又轻松。

问题在于，早期的成果对客户来说可能没有特别的价值或重要性，甚至会掩盖未来更大的困难。当然，敏捷开发提倡频繁尽早交付，但不是交付任何成果。敏捷开发关注价值，这意味着项目应该选择尽可能交付最大价值的路径。可以通过以下两种方式实现：

1. 如果可能的话，先完成优先级最高的事项，比如当事项之间存在依赖关系时。

2. 尽早解决项目中可能遇到的最高风险。思路是先做困难的事情，剩下更容易、更确定的。除此之外，如果项目被证明无法交付，例如找不到可行的解决方案，最好尽早发现，这样可以节省成本、时间，避免措手不及。

第 2 章

敏捷开发的知识框架

CHAPTER 2

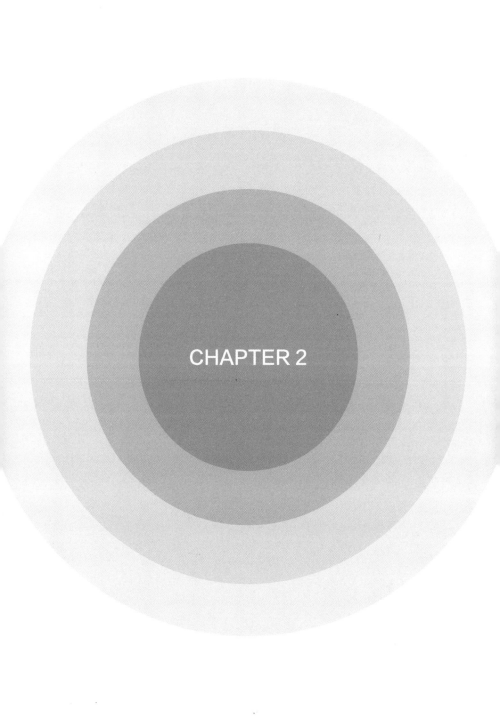

本章主要介绍敏捷开发的知识框架。

精益管理与敏捷开发

精益管理（Lean）和敏捷开发是经常被替代使用的术语，往往令人对敏捷开发产生困惑。有时它们甚至一起使用，更容易被混淆。

虽然两者之间有许多共同点，它们适用的情况并不相同，区分精益管理和敏捷开发是非常有必要的。

精益管理的概念可以追溯到很久以前，在 20 世纪 40 年代后期被众人所知，日本丰田汽车公司在其生产线上采用了精益管理，也就是说，精益管理是日本汽车工业的副产品。它的出现，使生产线持续改进。精益管理流程如图 2–1 所示。

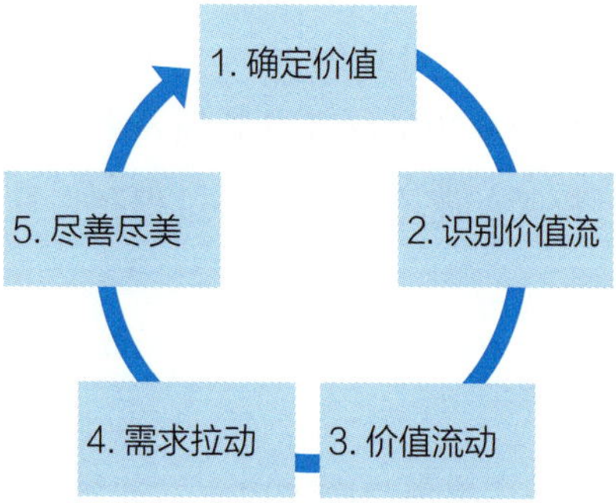

图 2–1　精益管理流程图

精益管理由循环的五个过程组成，而敏捷开发思想源于软件开发行业，软件开发倾向于在有限任务模块中完成，通常是在有始有终的项目中。因此，通过简单的对比，精益适用于持续的过程，而敏捷开发适用于基于有始有终的项目活动。

- 精益管理适用于持续的过程，比如生产线。
- 敏捷开发适用于有限过程，比如项目活动。

如果你想阅读更多关于精益管理和敏捷开发的比较，请参阅附录。

人员、过程和工具

原则固然很好，但只有用于实践才能发挥作用。第 5~8 章将探讨应用敏捷开发时，项目管理的要素有哪些，例如制订计划、风险和项目干系人管理以及领导力。为了保持一致，这些要素需要一个框架，就像英国项目管理协会（Association for Project Management，APM）或受控环境中的项目 2（Projects in a Controlled Environment 2，PRINCE2）的知识体系。框架与实践相适应，才能呈现出应用敏捷开发后的效果。

项目敏捷性框架的基石是人员、过程和工具的相互作用。

人员

从 1986 年开始从事项目管理以来，我很荣幸成为这个行业的一员，见证了它的蓬勃发展。

刚从系统分析师转为项目经理时，我参加了 PROMPT 培训，全称是 Project Resource Organization Management and Planning Techniques，即项目资源组织管理和计划技术。它在政府项目和公共部门的组织中很流行。

PROMPT 影响了受控环境中的项目（Projects in a Controlled Environment，PRINCE）的后续过程框架，进而影响了 PRINCE2。

正如这些首字母缩略词及其全称所表明的，它们的观点是项目管理是高度机械化的，不太重视人和行为的作用。人们常提及，敏捷开发的核心是人，尤其是人的行为和互动。

而后，许多行业领域发生了翻天覆地的变化，为敏捷开发铺平道路。在 20 世纪 90 年代，基于项目的活动数量不断增加，尤其是项目的规模和复杂性，导致现有的项目管理方法不再适用。因此，项目集管理和项目组合管理（portfolio management）的新形式开始诞生。

然而，这些新形式仍然是机械化的，专注于对过程的优化。因此，人的因素，诸如领导能力、团队建设和沟通等技术开始被认可，并加入知识和方法体系中。

与人相关的管理思想培育了一片沃土，敏捷开发在其中生根发芽。

马丁·巴恩斯（Martin Barnes）博士在 1969 年提出的铁三角模型（图 2-2），已伴随我们 50 多年，至今仍是项目管理的核心思想。所有的项目都可以用它来定义。

铁三角模型从本质上将项目视为静态过程，有固定的需求，并最终输出成果。今天对项目认识更加准确，并意识到 PRINCE 中提到的“可控环境”是无法实现的。至少如果你期望在完成交付之前不会节外生枝，几乎是不可能的。

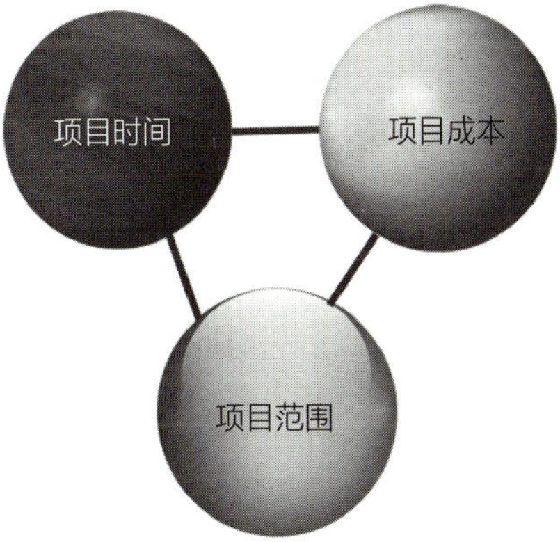

图 2-2　铁三角模型

敏捷开发鼓励我们重新审视铁三角模型。是否存在另一个制约项目的因素？答案是肯定的，这个因素就是人。

人的行为、互动和组织方式都应该是评估的因素，对任何项目都应该定义的约束条件。这些与人相关的因素与时间、质量 / 范围或成本一样重要。

铁三角模型仍然有效，但应该增加人的因素，进而变成铁金字塔模型（图 2-3）。

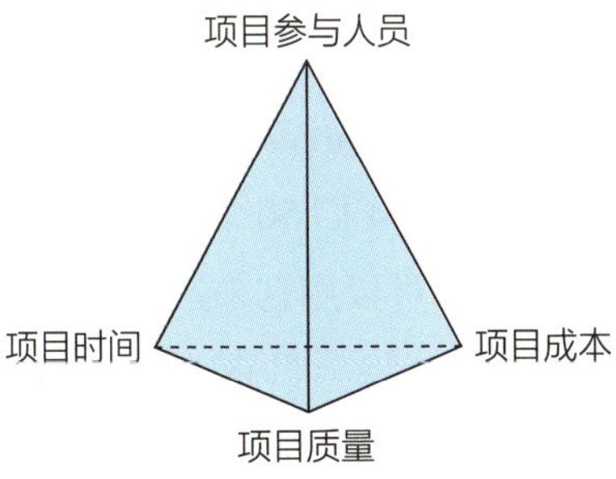

图 2-3　铁金字塔模型

人作为敏捷开发不可分割的一部分，是敏捷开发与其他管理方法区别的关键。

过程

大约 20 年前，我在 PRINCE2 项目经理会议上做了主旨发言。我说了一句自认为无关紧要的话：PRINCE2 更像是一个根据实际情况随时打开的工具箱，而不是一本必须严格遵循的食谱。出人意料的是，听众一片哗然，我似乎被当作异类。可见，大多数听众显然不认同我的看法，他们认为 PRINCE2 是必须严格遵守的。

从那时开始，我欣喜地看到了这个理论框架发展成熟。PRINCE2、英国项目管理协会和美国项目管理协会（PMI）的知识体系指南（BoKs）提供了详细的项目管理方法，这些都至关重要。它们对风险管理、计划、报告和其他项目技术的理解是一致的，构成项目专业人员的基础知识库。

框架，顾名思义，提供基本的结构。因此，“制订计划”并没有规定该计划应该如何构建或实现。计划的性质在很大程度上是由项目经理根据项目的需要来解释。框架可能基于特定的方法，但并没有提供详细的蓝图。例如，它会专注于变更控制应该如何在一个组织中发挥作用，而不是具体采取什么形式。换句话说，框架使组织能够调整项目管理方法以适应需求和环境。

工具

曾经有一段时间，远程工作的项目经理办公条件非常落后，年轻的读者可能很难想象。在酒店里，我们使用电话线和调制

解调器连接，发送和接收项目信息。如今，随着网速和带宽速度的提升，信息处理的速度快到令人难以置信。

虽然技术极大地帮助了项目专业人员，但我仍要提出几句忠告：

首先，我始终认为工具应该服务于过程和过程中的人。

组织在配置任何工具时，都要考虑到变更是项目中的一个重要特征，工具需要匹配组织当前的工作方式，或者在出现变更后的工作方式。投资极其昂贵的设备、工具是不明智的，除非报告模板等方面已经相当成熟和稳定。这也是一种敏捷的表现。它鼓励一种“刚刚好”的配置理念。

另一个值得注意的是信息技术的影响。

以人工智能为例。人工智能目前引起了广泛关注，这是毋庸置疑的。我们不禁要问，人工智能可以取代项目经理吗？这是一个严肃的问题，我们也应该并严肃、认真地思考。

然而，正如阿什利·麦克尼尔博士（Dr. Ashley McNeile）对我说的那样，“用于项目管理的人工智能需要一个包含复杂行为和交互的巨大数据集，其中许多行为和交互并不能被完全理解，也不适合用有意义的数据来表示。所以，不必过于焦虑”。

与此同时，我期待技术继续发展，过程持续简化，让项目经理有更多的时间来关注其最重要的职能，也就是管理团队成员。

项目与组织

项目的成功既取决于项目内部发生的事情，也取决于项目外在环境。大多数项目管理方法和框架都关注于项目内部，而忽略了其发生的外在环境（图 2–4）。

图 2-4　项目全景

即使努力打造扁平化组织，减少员工孤军奋战，挑战仍然存在。如何为项目提供良好的外部环境呢？项目往往是临时的、跨职能的，甚至是跨部门的，对资源要求很高。它们不但不能很好地与常规业务活动相契合，甚至还与它们相互竞争资源。

在许多组织中，项目就像人体内的病毒（图 2–5），引发免疫反应，以抑制甚至杀死那些被视为异类或不符合常规的物质。这是一种自主反应，但不一定是有意识的反应。

以下对话出自项目经理和销售经理，虽然略有删减，却是个真实的例子。

项目经理：销售总监阿曼达（Amanda）建议我来找你谈谈。我们正在购买客户关系管理系统（CRM），我需要一些有经验的销售人员协助我。

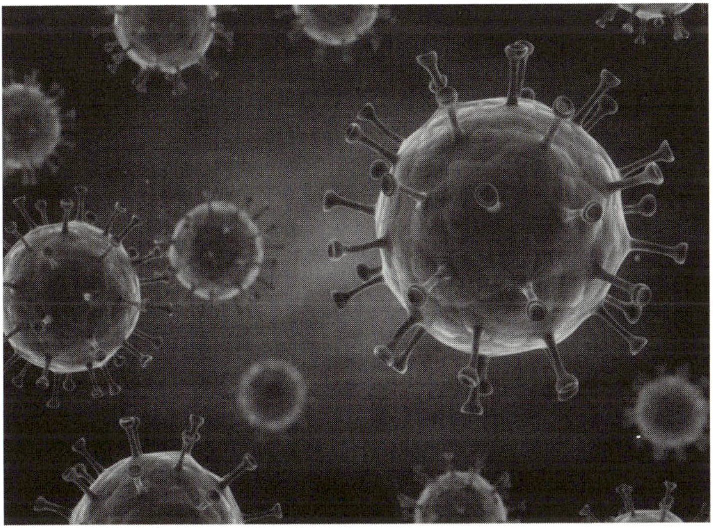

图 2-5　人体内的病毒

销售经理：非常愿意帮忙。但是，现在人手很紧，我只能在短时间内派人去，一天吧，最多一周。

项目经理：他们必须是经验丰富的人啊，了解销售工作细节，并能提出改进建议。我需要他们全职来做这个项目。

销售经理：需要最有经验的销售吗？协助多长时间？

项目经理：只需要四五个月。

销售经理：几个月？几个月后，就到了夏季。夏季正是客户度假高峰，我们需要销售团队努力维护客户。最多只能派一个人，而且时间不会那么长。销售团队要完成销售目标以获得年终奖金。把人员借调给你，销售部会有损失，再说，销售们也不会乐意。

项目经理：要知道，新系统将提升我们的销售额。

销售经理：在这些销售借调期间，团队拿不到年终奖金，我会因为没有完成销售业绩而受责备，最好的员工没有拿到奖

金。你又该怎么帮助我？

令人遗憾的是，这是一个双输的局面。如果销售经理同意派销售精英去协助，团队表现就会受到影响，也会失去年终奖金。当然，组织的收入可能会减少，甚至可能损害与客户的关系。另外，如果项目经理没有得到所需要的资源，项目可能会失败。需要有一种方法来改变这种情况，使两个部门和公司实现双赢。

来自项目外部环境常见风险包括：

- 项目负责人忙于日常工作，无法认真履行自己的项目角色。
- 公司治理是为常规业务而设计的，而非令人厌烦的项目。
- 资金来源。预算从何而来？尤其是涉及多个跨部门的项目干系人的情况。
- 成本追踪。我经历过一个复杂的跨职能项目，其花费被错误地分配到多达 5 个分类账上，每个月都需要付出巨大的努力来追踪成本，将成本转移到正确的成本中心。
- 跟踪内部成本。如果公司大多数工作是各自为政的，项目需要跨部门运行，并且部门内部借调都需要收取费用，再次增加了昂贵的项目管理成本，而且对项目或组织没有任何价值。
- 共享服务，例如财务、人力资源、审计、内部通信和采购服务。

所有这些风险都不应该令人困扰，因为常规业务部门设立的目的就是要相互支持。而任何敏捷开发项目的框架也都是在组织里发生。本书第 2 章和第 7 章中会有更多的介绍。

组织是否有必要为项目提供良好的外部环境?

这是一个关键问题。在组织中投资，打造让项目顺利进行的组织是否值得?

这也是一个很难回答的问题，回答的关键在于，对组织来说，在项目交付能力方面大量投资可能并不值得，也就是说，组织根本没有必要做足够多的项目活动。关于这方面，本书第9章有更多的介绍内容。

"传统的"项目管理并非有错

阿德里安·杜利（Adrian Dooley）等敏锐地观察到，"传统项目管理"经常被误认为含有贬义，尤其是一些敏捷开发支持者认为，传统意味着官僚主义、僵化和缓慢。PRINCE2 经常被认为是传统、文档化和重过程的代名词。这让我感到困惑，因为我已经以敏捷开发专家认可的方式，为满足需要遵守英国政府标准的客户，调整并运用了 PRINCE2。

项目管理方法不是问题所在，如何使用和调整它才是关键。经验较少的人可能更倾向于严格遵循某种方法，为了保险起见，记录更多文档。项目管理专业人士已经学会了调整，只需满足需求，不做过多的管理工作。这不就很好地体现了敏捷开发吗?

我所说的"传统"，是指原本可以有效利用的项目管理工具并没有被有效使用。或者，公司存在一种难以改变的官僚主义文化或心态。

第3章

关于敏捷开发的五个危险假设

CHAPTER 3

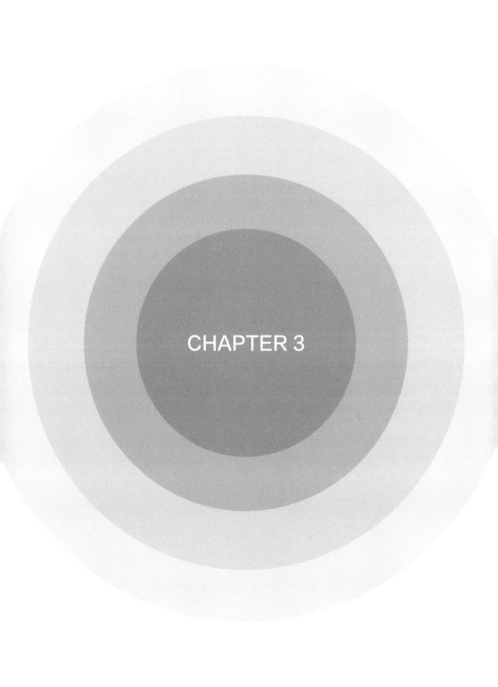

当组织决定采用敏捷开发方法时，这是一个重大的变化。领导变革的人和实施敏捷开发的人都必须理解以下内容，这对项目成败至关重要。

- 什么是敏捷开发；
- 什么不是敏捷开发；
- 什么看起来像敏捷开发，但实际上不是，必须避免。

曾经有一些与我合作过的客户和公司高管，他们从来不谈论“敏捷开发”。还有一些人提到“敏捷开发”就局促不安，不情愿地承认组织因为实施敏捷开发未成功而遭受损失。他们谴责敏捷开发方法本身，我很遗憾地说，这很明显是在推卸责任。

还有许多同事，我曾与他们讨论过项目中的敏捷开发。就像在同行中经常发生的，我们的观点有时针锋相对。当然，作为专业人士，这样做是为了学习和成长，但我们也会这样做，因为我们有些资历了，喜欢互相吐槽。

从这些经历中，我提炼出了以下五个代价最高，也最为危险的假设，这些假设来自所谓的“敏捷开发管理”。

敏捷的五个危险假设：

- Scrum 是项目管理；

- 敏捷开发是必须迭代的；
- 敏捷开发意味着要忽略一些事；
- 高管层并不“了解”敏捷开发；
- 高级管理人员参与度不足。

Scrum 是项目管理

即使你没有接触过软件开发，但只要具备敏捷开发思维或接触过敏捷开发管理，你也极有可能听说过 Scrum。它是最常见的软件开发框架之一，是从《敏捷软件开发宣言》发展而来的（或者是随着《敏捷软件开发宣言》一起发展，这取决于你的看法）。如果你还没有听说过 Scrum，但正在研究敏捷开发，那么将来你一定会遇到 Scrum。

将 Scrum 等同于项目管理无疑是排在第一位的错误想法。上网搜索敏捷开发管理，你会发现很多材料将项目管理与软件开发混为一谈，但其实它们是有区别的。我的项目职业生涯是从信息技术项目开始的，项目管理和软件开发之间的密切关系是显而易见的。这种认识的错误在于试图用 Scrum 或任何软件开发框架来代替项目管理。

从本质上讲，Scrum 是将软件开发分解成小块，每个小块可以在一系列迭代中构建——短的开发生命周期，通常为两周。一旦集成这些单独开发的块，就形成预期的软件结果。

图 3–1 是一个典型的 Scrum 示意图。注意它的组成，从需求列表和 Scrum 团队开始。当团队以工作软件的形式交付了尽可能多的实际需求时，Scrum 就结束了。

图 3-1　一个典型的 Scrum 示意图

许多人会说 Scrum 看起来非常像一个项目。时间、范围和资源都是有限制的。它满足了一个项目的三种特征：时间、成本和范围（质量）。这一看法从一开始就是错误的。

现在我们一起来看图 3-2。

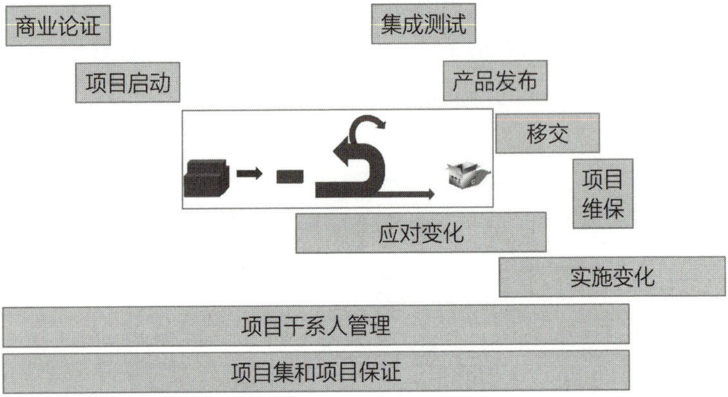

图 3-2　运用了 Scrum 框架的信息技术项目

从表面上看，不经过仔细推敲，Scrum 看起来很像项目管理。但是项目管理比 Scrum 包含的更多。试问以下几个问题：

- 目标从何而来？又如何定义？

- 这项工作是如何获得资金的？由谁资助？如何实现？
- 如何获得 Scrum 团队资源，特别是主题专家（subject matter experts）？
- 如何使用可工作软件？由谁使用？需要做哪些准备工作？
- 如何将可工作软件引入实际操作？如何实施控制？
- 这项工作是否依赖于其他资源？
- 组织内部是如何控制这项活动的？
- 外部项目干系人的利益是什么？如何对他们进行管理？
- 这项工作最终交付价值是什么？

Scrum 不包含上述任何一个问题，也不能解决其中任何一个问题。然而，以上都是项目管理必须涉及的问题。

图 3–3 向我们展示了一个最基本和最实际的项目管理范围，远远超出了 Scrum 的功能范围。

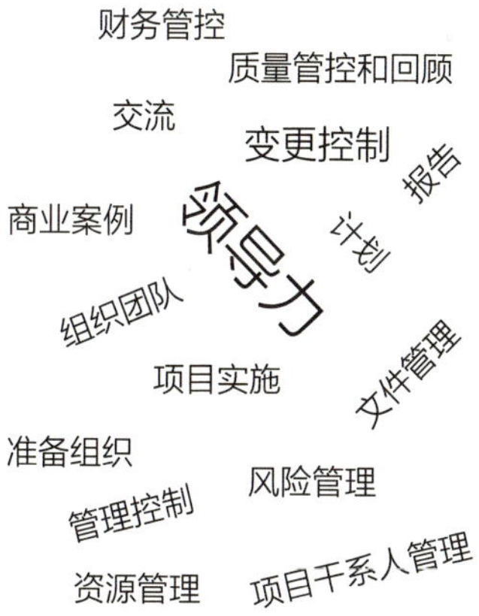

图 3-3　项目管理范围

任何管理框架或方法都必须具备一般适用性和适应性。

你是否可以改变 Scrum，或者增加它的内容使它更像项目管理？当然可以，但这样做的意义是什么呢？这不是适应调整；就像是试图用擀面杖在墙上钉钉子，挂上你最喜欢的画，徒劳地希望这幅画能固定在墙上，而不是把工具改为钻头、螺丝和螺丝刀。适应调整是一回事，使用完全错误的工具是另一回事。

敏捷开发是必须迭代的

如果在网上搜索敏捷开发管理，第二个最有可能搜索到的信息是敏捷开发都有迭代生命周期（iterative life-cycles）。这意味着只有具有迭代生命周期的项目才适用敏捷开发管理。这毫无道理也非常局限，原因主要有以下两个。

第一，一种方法只适用于一种生命周期是没有意义的。对项目和项目集稍有接触的人都可能看到过多种项目生命周期，或者至少遇到过典型生命周期的变形。

现在回想一下 Scrum 的开发生命周期，它是一系列迭代构成的。但 Scrum 也可以包含在一个完整的瀑布式生命周期的项目中（图 3-4）。

再比如一个项目集，可能分为多个阶段。如图 3-5 所示，这是一个分阶段进行的房地产项目，前期的收入可以资助项目后期。

如果敏捷开发是切实有效的，它必然是普遍适用的，而不仅仅局限于某些类型的项目。想象一下，如果只有一种方法适用于信息技术项目，另一种特定方法适用于工程，再适用于建

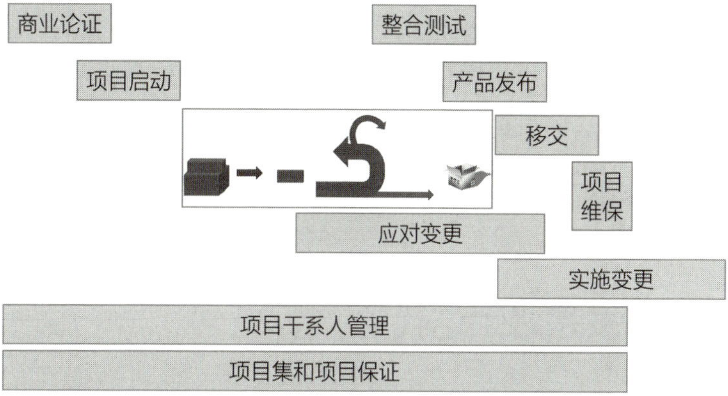

图 3-4　运用了 Scrum 的信息技术项目

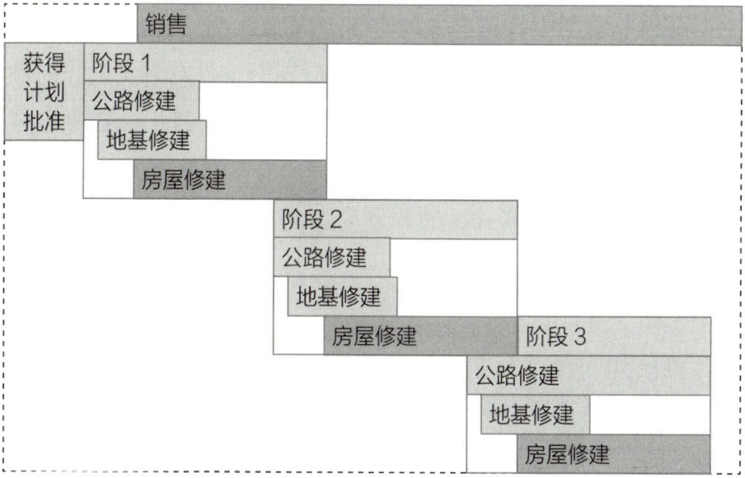

图 3-5　商品房建设进度计划

筑或公共部门，情况会如何？不切实际吧！

重要提示 | **敏捷开发或项目集适用于任何生命周期或生命周期的组合。**

第二，项目管理不仅仅受生命周期影响。还受多个因素制约，如变更控制、风险管理、财务管理和文档管理。还包括人的因素，如领导力、利益相关者管理和沟通。

另一个由此产生的愚蠢想法是关于瀑布式项目和敏捷开发的争论。瀑布生命周期与迭代生命周期的争论是有效的，因为是同类进行比较。不幸的是，这种辩题通常被误解为如果项目是瀑布生命周期，就不能应用敏捷开发。同样，生命周期不能用于定义项目，它们只是项目的一个方面。

敏捷开发只适用于具有迭代生命周期的项目的概念是荒谬的，而且是完全错误的。

敏捷开发意味着要忽略一些事

首先讲一个小故事。

克兰菲尔德大学（Cranfield University）的史蒂芬·卡佛（Stephen Carver）讲述了一段真实经历。一个游戏制作人尝试用敏捷开发游戏并管理开发过程，当项目遇到一些挑战时，他们给史蒂芬打电话征求建议。双方见面后的谈话内容如下：

史蒂芬：先描述一下目前的敏捷开发方法吧？

总监（看上去既困惑又委屈）：什么方法？

史蒂芬：也许我们可以从敏捷开发框架开始谈起，比如Scrum？

总监（看上去很困惑）：我们用的是敏捷开发呀（打个响指，表现非常活跃），我们没有方法，在工作方式上我们是自由的。

史蒂芬（叹了口气）：好吧！现在我们需要多煮点儿咖啡，再派人去买些三明治和松饼，让我们都放轻松……解释这些需要花点儿时间。

敏捷开发的一个主要卖点是从少中获取更多（more from less）。它对高管，尤其是金融业高管来说，具有极强的吸引力。不幸的是，这一口号常常被扭曲和误解成危险、代价高昂的代名词。以下是一些对敏捷常见的误解：

- 敏捷开发意味着不需要计划

这对很多人来说都很有吸引力，顺其自然的想法很受欢迎。然而，在项目执行过程中，对于项目目标以及实现目标的方法采取边做边看的理念不是《敏捷软件开发宣言》所倡导的，在项目管理看来，这种做法就像无政府状态。

如果说有什么不同的话，敏捷开发需要更多的自律，而不是更少。敏捷开发的核心是持续关注需交付的价值，时刻关注项目目标。项目中所做的每一件事都不妨问用以下的问题进行验证：这是获得最大交付价值的最佳方式吗？

敏捷开发就是要做刚刚好（just enough）的计划，这将在第6章中详细讨论。

- 敏捷开发意味着不需要控制

就像做计划一样，并不是你不需要控制，而是你需要刚刚

好的控制。换句话说，就是不要做超出需要的控制。

我曾经有为客户建立项目组合、项目集和项目的职业经历。项目经理经常抱怨的是报告——无论是提交报告的频率还是报告的详细程度。有时我不得不提醒他们，我们既需要满足项目保证——需要如何控制项目——也需要遵从组织的治理。有时，这需要报告和其他控制，超出了他们的需要。挑战——这就是敏捷开发——找到一个能同时满足项目保证和组织治理需求的最佳方案。

第 6 章会详细介绍。

● 敏捷开发意味着不需要做文档

我刚开始从事设计和开发软件时，使用的是一种叫作 COBOL 和作业控制语言（job control language）的计算机语言。我从来不要求员工打卡！我和大多数同事一样，讨厌文档。我们都具备敏捷开发思维，只要不影响继续编码，尽量建立最少的设计文档。更别提像数据流图、实体模型和关系数据分析这些奇怪的文档。关键问题是，直到我加入了一个维护系统的团队，我才认为有必要改善文档管理。还有糟糕的情况是，一位来自系统设计权威机构的同事为了追踪一个 20 多年的系统的文档而失眠，头发都快掉光了，而这个系统大部分时间都没有任何文档记录。

再考虑一下，在一个双方责任没有明确记录的多供应商项目中，如果各方各执一词，合同出现争议该如何解决？

很抱歉我反复强调，敏捷开发就是做得刚刚好。无论是文档、计划，还是风险、项目干系人管理等。

● 敏捷开发意味着不需要做商业分析

这是一个值得商榷的问题。

许多敏捷开发纯粹主义者认为，根本不需要商业分析师。原因是他们认为敏捷开发团队即包含操作人员（如主题专家）和系统人员，他们一直一起协同工作，直到项目结束。然而，我不赞成这种因噎废食的想法。

- 如果项目不是信息技术支持的更改，该怎么办？谁将帮助项目主题专家和技术专家顺利地沟通？
- 如果它是信息技术支持的更改，但没有使用敏捷开发方法呢？同样，谁来确保解决方案设计需求的清晰度，充当技术人员和非技术人员之间的翻译？
- 谁来充当细节层面上的调解人？
- 如果正在使用敏捷开发方法，但不成熟，该怎么办？

这里有一个共同点：商业分析师在弥合中小企业、用户与技术人员之间的沟通障碍方面的作用。

根据我的经验，有两种类型的商业分析师：业务分析师和系统分析师。这两个角色都涉及弥合运营和信息技术之间的差距。业务分析师特别擅长弥合这一差距，能够将运营人员、用户和主题专家的语言翻译为系统分析师的语言和模型、史诗和用户故事的系统分析师。而且至关重要的是，反过来也是如此。工程甚至是营销专家也是如此，因为专家总是有自己的语言。想想中世纪的行会，他们的秘密受到了严密保护。

一个好的商业分析师是一个可以解锁和揭示交易技巧的魔术师。

注意：人们通常把这些人统称为商业系统分析师，对我来说，这是偷换概念的说法。

● 敏捷开发意味着不需要项目经理

我不会详细讨论这个问题，因为已经在“Scrum 不是项目

管理”这部分内容中讨论过。错误的观点是，Scrum 是一种项目管理方法。如果这是真的，那么 Scrum 教练能够胜任项目经理的角色。但是，Scrum 不是项目管理，Scrum 教练的角色也不是项目经理。

请记住本书是关于敏捷开发的，即项目的敏捷性，值得注意的是，有一种情况不需要项目经理。在这种情况下，无论敏捷与否，开发活动都不需要项目经理。举两个例子：

（1）一家投资金融公司拥有基于产品的敏捷开发团队。团队都由来自产品团队和开发人员的主题专家组成。Scrum 框架用于每月更新业务中的产品系统。在 Scrum 术语中，产品总监也是产品经理，Scrum 团队由 Scrum 教练领导。这是一个常规业务流程，项目经理不会带来任何价值。

（2）小规模的开发，无论是否敏捷，项目经理也不会带来任何价值。

以上（2）情况可以采用 DevOps——在开发环节选择是否采用敏捷开发方法。

高管层并不“了解”敏捷开发

在与同事的聊天中经常会谈到高管层不“了解”，或者说不理解项目的敏捷性。

如果正在阅读本书的你是高管，这不是批评，而是必然。因为多数管理组织的人都负责日常运营。角色是正常的，在大多数组织中，项目运作并不常规。人们倾向于适应熟悉的事物。而不熟悉的东西会让人不安，甚至是害怕。

这种情况在一些组织会有改观，这些组织往往是基于项目

的，因此项目就是日常运营。同样，在一些有专业服务部门的组织，或其他基于项目的小组或部门中也是如此。

缺乏对项目的了解产生两个关键后果：思维和注意力。

首先是思维。项目思维不同于运营思维。做项目的人通常能接受变化，甚至是喜欢变化；项目的变化是常态。运营则需要规律性的、持续的进展。在你开始表示反对之前，我知道你想说优秀的企业经理一直在寻求改善。是的，我明白这一点，并且确实在前面写过关于精益管理的使用。这是关于持续的改进，而不是在有限的时间内通过具体分配的资源（即项目）进行重大的改变。有运营经验的高级人员与有项目背景的人思维方式不同。缺乏对项目类活动的接触，往往会导致糟糕的决策，有时甚至是无法做出决策。下面用一段虚构的对话来说明，对话发生在项目经理和市场部总监之间。

项目经理：我需要你协助解决缺乏市场营销专家的问题。

市场部总监：你不能解决这个问题吗？

项目经理：三个月前我和直属经理商定了贷款安排，每个月都检查，现在他们不让我借了。

市场部总监：为什么现在才告诉我？

项目经理：这已经在每份报告的风险清单上了，上周已经作为行动汇报给你了。

市场部总监：我很忙，告诉直属部门经理你跟我谈过了。

项目经理：他们知道问题升级了，觉得他们什么都不用做，因为除了我，没人逼他们。

市场部总监：你真的需要专家吗？

项目经理：是的，在找到合适的人之前，现在这个项目在

逐日延迟。俗话说得好："一个项目怎么会推迟一年呢？""因为一次晚一天……"

其次是注意力。我们都倾向于关注熟悉的事物。作为运营总监或经理，专注于日常工作是很自然的，尤其是在出现问题的时候。机场的一位主管曾肯定地告诉我，运营重于项目。如果地面雷达出现故障，飞机不能安全降落、起飞或操纵，工程总监不可能去参加项目评审会议。

项目的敏捷性更是一个挑战，因为敏捷开发需要持续的参与。这再次证明了注意力转移。长期以来，科特一直在研究和提倡高级管理人员保持对重大变革的关注（图3-6）。同样，因为项目不是高管们生来就熟悉的，高层人员很容易分心，甚至是在关键项目上分心。

高级管理人员参与度不足

高级管理人员参与度不足在一定程度上源于他们并不"了解"敏捷开发。

2015年，英国项目管理协会发表了名为《成功的条件》（*Conditions for Success*）的研究报告。该报告确定了成功的十二个条件。其中三个与高级管理人员的参与直接相关：

- 支持型组织；
- 有能力的项目负责人；
- 有效的公司治理。

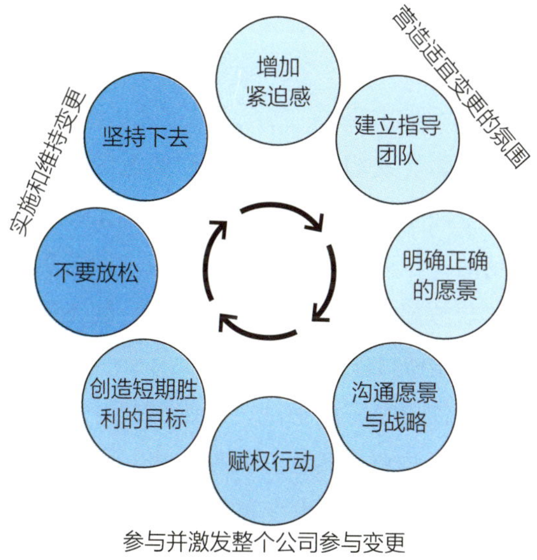

图 3-6　科特的八阶段变更模型

其后续的研究报告《项目成功的动态条件》（*Dynamic Conditions for Project Success*）印证了上述调查结果；该研究报告指出，成功的九个动态条件在组织层面上最容易实现。美国项目管理协会的《2020 年行业脉搏》报告也强烈表达了同样观点，强调了支持型组织的重要性。

现在给大家讲一个小故事。几年前，我受邀为一家英国商学院的高管团队提供帮助。他们在担任项目发起人时，遇到了诸多问题。很快我就发现，他们很清楚项目发起人的职责。但是，他们日常工作繁忙，根本没有时间参与项目。

这不仅是时间不够的问题。项目负责人实际上并没有出现在他们的工作职责范围中，绩效考评也不包括项目。不可避免地，他们抽不出时间来。

如果项目不是组织的“核心”业务活动，高层管理者持续关注项目的能力或意愿不可否认会受到限制。科特的八阶段变更模型仍然有效，显示了持续缺乏高级管理人员参与对项目成功的影响。

第 4 章

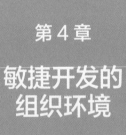

敏捷开发的组织环境

CHAPTER 4

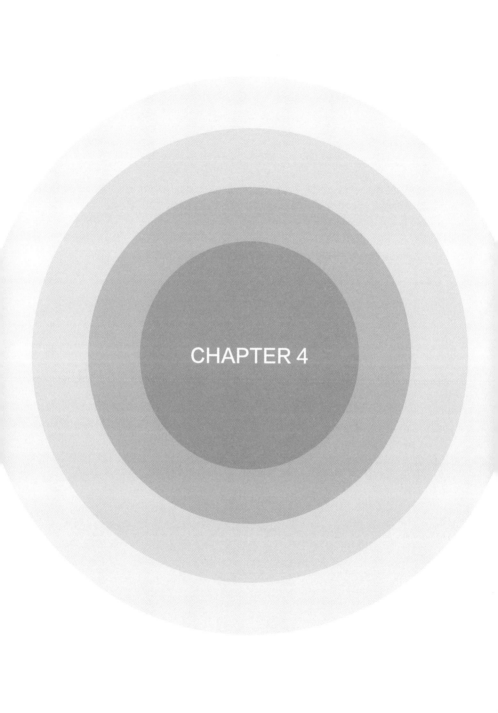

在组织里做项目经常要不断争取。因为大多数组织都是基于常规运营的，而项目和特别大的项目集往往是临时的。而组织里常规运营方式通常与项目的需求相冲突。

“项目就像人体内的病毒”，还记得第 2 章的这句话吗？本章将探讨组织环境，以及它如何改变才能使敏捷顺利实施。

组织文化是敏捷开发的阻碍，还是项目的助推器？

组织环境的作用日益凸显，特别是第 2 章提到工作项目化，以及所谓的项目经济的兴起，美国项目管理协会将其定义为：“‘项目经济’是人们利用技能和才能，将各种各样的项目变成现实的经济，也是组织通过成功完成项目、交付产品向项目干系人交付的经济。”（资料来源于美国项目管理协会网站）

对我而言，工作项目化并不陌生。

实例：1992—1995 年英国电信公司工程部

1992—1995 年，我曾在英国电信工程部工作。该部门的所有工作都是通过项目来安排的，按照追踪工作进程以及依据预算进行支出的方法。项目分为两大类，其中大部分都是常规业务，比如铺设电缆、维修和售后

服务；还有一些是网络升级改造，例如从机电交换机到数字交换机的转变，或者新技术光纤电缆的安装。

1992—1995 年，工程部推行了 5 年商业计划，每个年度制订具体的商业计划和预算，每年预算约 20 亿英镑。有 10 个区域需要竞标，根据竞标结果分配预算。每一分钱都分配给常规业务或网络升级改造，但都是以项目的形式。每个区域都需要就常规业务项目加以说明，例如电缆更换、维护等。项目持续整个财政年度。

从那时起，常规业务的项目化有了相当大的进步。因此，随着项目在运营中所占的比例越来越大，组织环境的重要性也日益凸显。

美国项目管理协会和英国项目管理协会都认识到组织环境对项目成败的影响。本章将研究何种组织环境是支持项目和敏捷的。我们首先需要了解什么在组织环境中会导致项目的成功或失败，答案是组织文化。

组织文化是价值观、政策、假设、实践、标准、结构、关系和信念的集合，它们通常会深刻地影响组织各级人员的行为。这与英国项目管理协会的定义略有不同，后者把它定义为影响行为的不成文规则。埃德加·沙因（Edgar Schein）等研究人员长期以来一直认为，组织文化的组成部分远比人们认为的广泛得多。沙因的组织文化模型由三部分组成：

人工制品（artifacts）——有形的和外显的文化元素，从品

牌到着装规范。即使你不是生活在这种文化中也能识别。

信仰与价值观（espoused values）——组织所陈述的价值观和规则，包括从战略到过程。

假设（assumptions）——通常是根深蒂固的、被认为理所当然的行为。

实例：咖啡公司

对于任何一个新客户，我首先要了解该公司的运作方式，所以一开始会提出一系列问题。这些问题通常包括公司愿景、战略、组织、政策、过程、系统和标准等。当我与各个运营团队交谈时，以上都得到了印证。但我也发现，这些还远远不够。

这家公司在开发新业务方面发展迅速，组建了许多部门，比如销售、安装工程、服务部门等。但快速增长使相互的合作进入了瓶颈。为了跟上快速增长的新业务，同时服务好现有客户，公司尝试了各种各样的措施，但效果不佳。不仅给客户造成了困扰，也给员工造成了挫败感。

最终，原有工作过程、考核和资源管理方法都得到了改进，新的过程解决了大部分问题。

为了帮助他们解决问题，我必须深入了解组织文化表象背后的东西。

我发现组织文化就像一座冰山（图 4-1）。有些是可见的，比如战略、愿景等；但更多的是看不见的，这就是英国项目管

理协会定义的准确之处。

在实践中，所有这些结合起来定义了一个组织的文化。虽然这种文化不能决定人们在任何时候的行为方式——人的行为要复杂得多——但它确实强烈地影响着人们在日常生活中的行为方式。董事会或者任何人进行组织变革都是危险的，因为他们自认为的组织文化可能是错误的。我们要记住德鲁克的那句话："无论战略看上去多么有效，没有企业文化的有力支撑，最终都可能只是一纸空文。"

注意这一警告，文化的组成部分可以被识别和分析，这意味着如果文化需要改变或者修改，那么除了表象，我们也需要了解组织文化的深层部分。

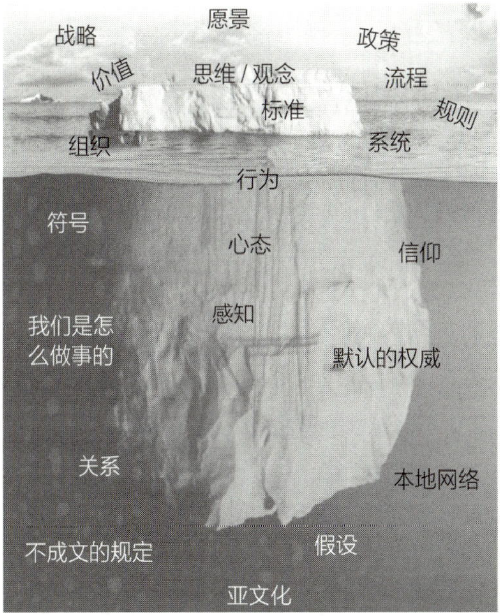

图 4-1　组织文化冰山

组织文化是敏捷开发的阻碍

2010 年至 2011 年，在全球金融危机之后，我收到英国两家金融机构的邀请，讨论如何在信息技术部门之外实施敏捷方法，敏捷开发在信息技术部门都已经取得了成功。

我首先调查了这两家公司，其中一个关键内容是通过采访和阅读他们对自己的文本描述来确定该组织的文化。经过调查，我清晰地发现，他们非常厌恶风险。这在金融领域并不罕见，尤其是在金融危机和几起金融丑闻发生之后。当然，这两个组织都不涉及这些事件。

关键的发现是，领导层高度集权，非常不愿意在业务运营中授权，更不用说业务转型了。

在信息技术部门，敏捷开发方法是成功的，因为信息技术部门实际上比较独立。敏捷开发主要在信息技术的工作范围内使用。

我的结论是，他们的组织文化不利于敏捷开发，因为：

- 公司的授权意味着只有一些小的决定可以由员工做出；
- 业务层面的团队无法获得足够的权力来进行自组织；
- 他们不愿意改变治理规则、过程和结构来支持被授权的项目；
- 虽然公司确实为业务转型项目任命了资深项目负责人，但由于担任运营角色，使他们“分身乏术”，无法充分参与项目。

我的建议是，除非调整组织以适应敏捷的需要，否则敏捷难

以实施。他们没能这样做，结果只能白白损失了一大笔咨询费。

组织文化是项目的助推器

作为个体，许多人都有属于自己的偶像。各个年龄和层次的专业人士都有同伴、教练或导师来帮助他们成长。尽管我已经处于半退休状态，但我仍然坚持向一些人学习。有一些人对我的影响很大，比如杰夫·瑞斯（Geoff Reiss），一位杰出的项目管理创新者和大师，我非常怀念他。

同样道理，组织之间也可以相互学习。如果你想了解如何让组织在项目价值交付方面变得出色，可以向其他组织借鉴经验。

重要提示

成功是由多个因素整合并共同作用的结果。

实例：壳牌项目研究会（Shell Project Academy，SPA）

以壳牌公司为例，它采用的是整体法（表 4-1）。21 世纪初，壳牌项目研究会在实践中应运而生，并逐步发展壮大，极大地提高了项目的成功率，且解决方案复杂。即使在 2008 年的经济危机中，壳牌公司锐意进取、不断创新的精神仍能使其免于受到危机的影响，并稳步向前发展。

表 4-1　壳牌公司的整体法

研究对象	组成要素
人员	略
组织	• 项目在董事会层面的可视化程度 • 按照项目规模和复杂性分为四个等级 • 以壳牌项目研究会为基础提升全球项目管理能力 • 顶级专业人士在壳牌项目研究会定期轮职，传授其专长 • 与专业机构（如英国项目管理协会）合作
行为	• 在工作领域和壳牌项目研究会同时得到成长 • 职业和个人发展与项目规模和复杂程度相匹配 • 基于自身素质的培养能力 • 个人能力描述反映不断增长的经验 • 个人能力描述决定了其可以参与的项目水平 • 强大的安全文化
过程	• 业务计划驱动的项目组合管理 • 壳牌公司项目组合、项目集和项目（P3）管理标准 • 针对壳牌员工和承包商的技术标准
技术	• 企业概况，项目集和项目管理工具（如商业智能仪表盘、项目计划、项目风险报告）

整体法已经在壳牌公司发展成熟。如果你熟悉成熟度模型（maturity models），壳牌公司的成熟度级别至少是 4 级，安全遵从性（safety compliance）和对关键技术标准的遵循（adherence to critical technical standards）达到 5 级。壳牌公司仍然在不断探索进步。2018 年，它又推出了新的能力工具包。

这种方法的结果是项目的成功率很高。

无论是董事会成员还是高级管理人员，对项目管理细节都没有太多兴趣。他们感兴趣的是整体项目法所产生的价值，而并不在意具体的项目管理术语。

最终结论是，如果组织不断调整，让项目健康发展，就必须建立支持型组织。与之相反，如果组织没有提供支持型的环境，项目执行只能举步维艰。非支持型组织中，做项目只能是到处争取资源。

如果你表示认同，那么支持型组织意味着什么？对于它的组成部分，你都已经很熟悉，比如：

- 项目、项目集和项目组合管理；
- 支持项目的软件工具，且与公司管理信息工具有接口（如公司财务和风险日志）；
- 认可协作的价值；
- 认可优秀领导的重要性；
- 认可有效的、授权的团队价值；
- 治理标准和过程；
- 以内部和外部社交媒体作为沟通渠道。

除此之外，我还可以继续列举……

问题是如何把所有这些整合在一起的，以及如何说服高管。尤其是首席财务官（CFO），要知道，首席财务官总是希望以零成本获得收益。

几年前，我和同事特雷弗·班德（Trevor Band）和布伦达·黑尔斯（Brenda Hales）一起为客户服务。他们曾提出了一个挑战，即如何创建支持型组织，使项目能够健康发展，我们

称之为组织项目管理。

组织项目管理和项目经济

项目、项目集和项目组合的成功价值交付既取决于项目内部，又取决于其组织环境。大多数项目、项目集甚至项目组合管理框架和指导关注的是项目本身及其内部。本节主要探讨组织环境。

项目通常要尽力争取关注度、资源等，否则就会毫无进展，甚至以失败告终，原因主要有三个：

- 领导层通常没有项目管理的知识和背景；
- 财务、资源和其他职能部门设立的目的不是支持项目活动；
- 各个级别的运营管理通常都无法为项目活动提供充足的资源。

我们依次来分析以上三个原因。

第一，在英国富时 100 指数（FTSE 100）成分股公司中，很少有高管从事项目管理相关的工作。他们中的大部分人在日常运营部门（如财务管理、营销、法律、工程部门等），开始职业生涯并成长。也就是说，他们更擅长保持业务发展和增长，而不是升级转型或者其他基于项目的活动。项目并不是他们的优势领域。

第二，对于大多数组织来说，组织战略、商业和财务规划都是基于常规业务活动来运营和发展的。项目，尤其是在升级

转型方面，通常不是一种常规的活动。因此，治理和管理机构的设立并不支持项目，而是为了常规的、持续的运营。这会让项目陷入孤立无援的境地。

第三，日常运营部门的人工作都很忙，他们的时间完全分配给了本部门的运营职能。然而，项目的出现首先需要一个高级别的人来做项目发起人。接下来，还需要来自业务领域的专家，通常是最有经验和知识的专家。没有哪个部门经理会轻易或心甘情愿地在几个月的时间里抽调最好的员工，因为部门绩效和奖金都可能会受到影响。

以上三个原因可以通过以下三件事进一步来证实：

- 对项目成败因素长达 30 年的研究，例如斯坦迪什集团的《成绩单》，以及专业机构报告，始终将以上原因列为影响项目成败的十大因素。
- 认可度非常高的英国项目管理协会的 APM BoK 7 和美国项目管理协会 PMI 的《职业脉搏》，这两者长期以来都专注于项目的最佳实践，但现在大篇幅地介绍支持型组织文化。比如项目经济。
- 再仔细观察擅长做项目的组织特点。

组织项目管理框架旨在描述组织项目管理的框架，创建使项目健康发展的组织文化，而不仅是力争各种资源，甚至以失败告终。在很大程度上，组织项目管理框架还在逐步完善，其大纲如图 4-2 所示。

组织项目管理框架的愿景是，在所有基于项目的活动的组织中，实现项目与常规业务融为一体。

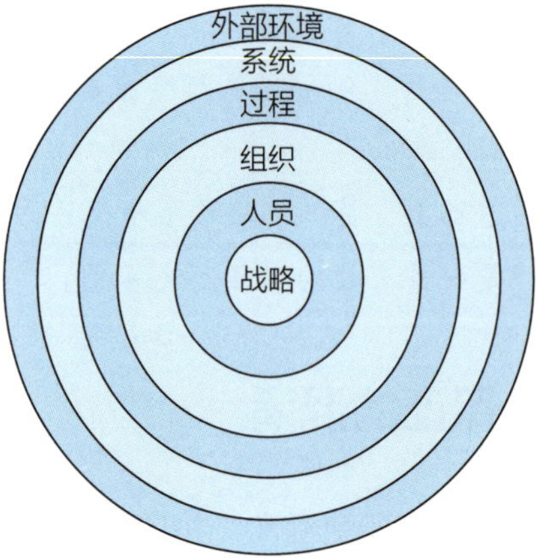

战略：战略包括组织持续运营活动和项目活动。
人员：董事会及组织各级人员都认可项目的价值。对项目投入，有充分的资源，员工有精力参与各种项目。员工可以得到项目和常规业务部门领导的支持，共享各种服务职能，比如财务和人力资源。
组织：以董事会层领导鼓励项目实施，同时不影响常规业务。安排资源支持项目实施，同时保持常规业务的整体运营。
过程：组织的过程，比如组织治理，需要适应并支持项目的有效价值交付，以及常规业务活动。
系统：信息系统应该不断适应和发展，以支持项目和常规业务活动。
外部环境：项目被视作组织不可分割的一部分。

图 4-2　概述组织项目管理框架（OrgPM Framework）

第 9 章将对这个框架进行扩展，它的一些基本特征包括：

- 项目构成了运营业务新增部分。
- 董事会“了解”项目和敏捷。
- 董事会从上到下领导敏捷的实施。
- 尽可能授权，培养自主权——建立信任的团队。
- 调整组织结构以支持项目工作。
- 项目经理培训纳入管理培训。

- 为运营业务提供资源，不仅是使常规业务持续，而且项目也能正常进行。例如，主题专家在借调到项目时，有人可以替补。
- 职业发展道路上，员工都应该参与项目。
- 项目管理是一条有效的职业发展路径。

避免治理与保证的混淆

敏捷追求清晰明了避免混乱，并且在可能的情况下，追求简单。

治理（governance）和保证（assurance）这两个术语既被很好地定义，却又不明确。定义很好，是因为不缺乏对它们的定义，其中大部分都非常相似。不明确，因为这些术语经常被混淆使用。这里有一个建议，适用于我所见过的大多数定义，可以有效区分两者。

保证是在项目、项目集和项目组合中所做的事情，以明显降低失败的风险，增加成功的概率。

治理是在组织环境中，也就是项目外部的权威和职责框架。

举两个简单的例子。

（1）项目需要资金。组织治理规定了必须进行商业论证和批准流程。

（2）在项目动员过程中，项目经理确定要使用保证方法。该方法可能包括一些强制性措施，例如必须每月向所属组织报告项目的数据信息。在这个例子中，组织治理决定了部分项目保证。

第 5 章

敏捷开发管理之人员管理

CHAPTER 5

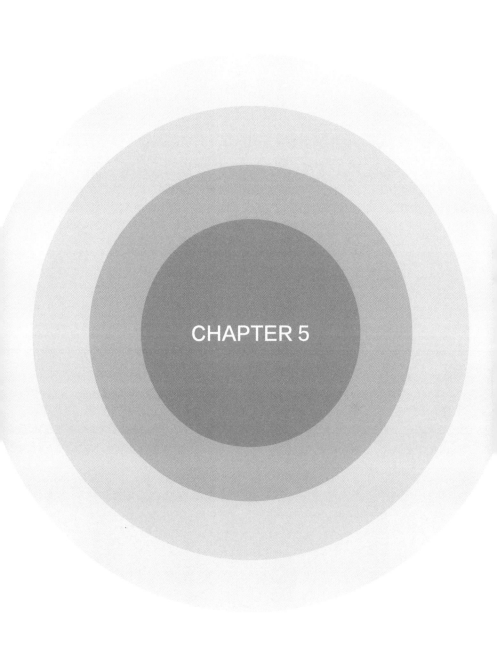

相关背景介绍

第 5~8 章将讨论敏捷开发应用于项目管理的整个范围。我把敏捷项目管理的内容分为以下四个部分，构成了本书的主体（图 5-1）：

第 5 章：敏捷开发管理——人员管理

第 6 章：敏捷开发管理——过程管理

第 7 章：敏捷开发管理——管理工具和 AI

第 8 章：敏捷开发管理——项目集和项目组合

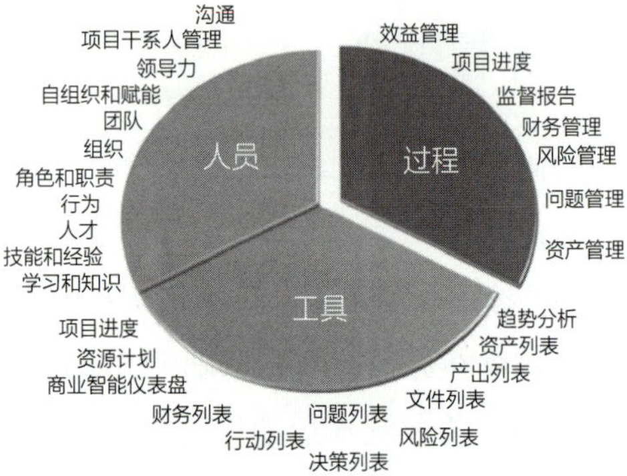

图 5-1　人员、过程和工具模型

几年前，英国项目管理协会举办了一个研讨会。研讨会审核了英国项目管理协会的项目管理知识体系指南（当时是 APM BoK 6），以研究如何修改以体现敏捷开发。在研讨会结束时，

我记得当时的主要结论是：

- 几乎不需要修改；
- 敏捷开发更多是关于如何使用各种组件（计划、风险、项目干系人管理）和人的行为；
- 建议做一些修改，主要是关于人的行为，例如对领导力的描述。

本章将集中讨论敏捷开发应用于项目管理技术和工具时呈现的样子，无论是单独的还是与技术组合。

第 5~7 章中的大部分内容都适用于项目、项目集和项目组合。为了避免频繁使用“项目、项目集和项目组合”，下文将它们统称为“项目”。

敏捷开发意味着整合

第 2 章介绍敏捷开发的框架时，我曾说明敏捷开发不是包治百病的灵丹妙药。

观察并追踪持续成功的组织、运动团队和运动员、军队等，你会发现成功是建立在许多因素的基础上，这些因素交织在一起发挥作用。例如，著名跳水运动员汤姆 · 戴利（Tom Daley）曾谈到他的训练方法，训练不单单是去游泳池练习跳水，还包括：

- 健身房训练；
- 健身房练习跳水动作；

- 游泳池跳水练习；
- 饮食；
- 心理辅导；
- 以上全部！

他认为跳水是行为和技术的结合，他在自传中写道，坚韧不拔的品质和高超的技术能力一样重要。

做项目也同样如此，虽然没有什么灵丹妙药，但你可以创建一种框架，涵盖让项目成败的所有因素。我最喜欢的，也是经过验证并非常有效的是人员、过程和工具三要素。这三个要素相互依存，是影响项目成败的关键。我们依次来说明。

首先，每个要素都包含哪些内容（图 5–2、图 5–3、图 5–4）？

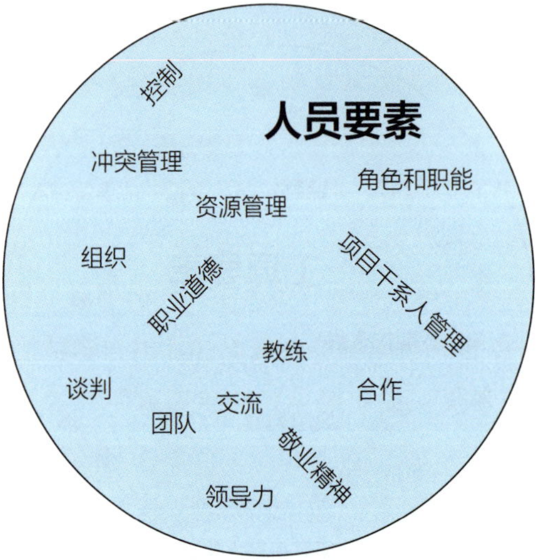

图 5-2　项目管理的人员要素

图 5-3　项目管理的过程要素

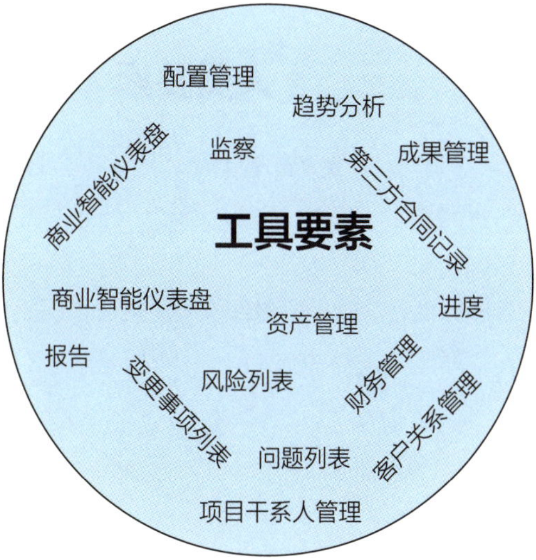

图 5-4　项目管理的工具要素

这些图中的每一个要素都可以组合成一个敏捷开发框架，然后再将它们进行整合：

- 组织方面（组织环境如何与项目组合、项目和项目相互作用），例如，如何调整治理和保证以实现敏捷开发；内部和外部的交互；
- 交付项目的各种行为方面；
- 项目组合管理和企业项目管理办公室（EPMO）的过程、技术、行为和关系；
- 项目集管理过程、技术、行为和关系；
- 项目管理过程、技术、行为和关系；
- 支持项目并提供与组织其他部分之间桥梁的技术；
- 关于框架使用的指导，例如针对不同规模、范围的项目和规划；
- 强制性组成部分，如组织治理要求。

图 5-5 为项目管理框架的组成部分提供了建议。

框架内容不应该是简单的重复标准，比如项目管理变更控制。相反，框架应该显示每个组件如何适应组织，以及它们如何在组织内使用。

注意：有些方面可能是强制性的。例如，变更控制和框架要显示审批级别和审批路径。

文化和行为

还记得第 4 章提到的组织文化冰山理论吗？组织中每个人

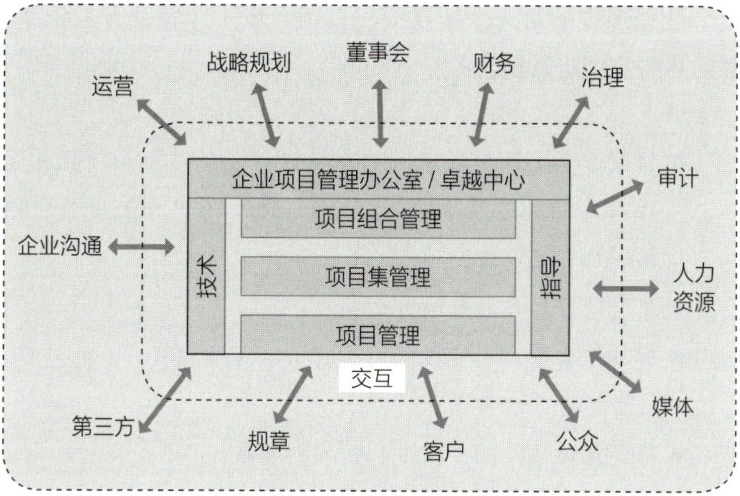

图 5-5　敏捷开发管理框架

的行为都会影响组织的效率。让我们来看看造成灾难性后果的真实事例。

实例：英国消防控制项目

2011 年，英国国家审计署（National Audit Office）发布了一份关于消防控制项目的调查报告。该项目旨在通过设立 9 个专门的区域控制中心取代原 46 个地方控制室，利用国家级计算机系统处理呼叫、调动设备和解决事故，提高消防和救援服务的应变能力、效率和技术。然而，在 2010 年决定取消该项目时，已产生的成本估计为 2.45 亿英镑。项目完全撤销时，估计已产生成本为 6.35 亿英镑——是最初预算 1.2 亿英镑的

5 倍多。

相关机构已在 BBC 的采访中公开声明所犯错误，强调需要重新审查和改进工程程序。然而，在正式的调查报告中，我们却发现了事实不止于此。简而言之，这个项目还存在以下问题：

- 未能获得关键项目干系人的支持或激励；
- 对总体要求没有明确的职责划分；
- 治理过于复杂，之后运作不善；
- 频繁更换高层责任人，缺乏领导力；
- 没有正确建立组织团队和团队职责；
- 缺乏合同设计和管理。

结论：几乎没有任何证据能够表明项目标准、准则和程序上存在问题。然而，自上而下执行的人未能认真遵循这些最佳方法。显然，失败的原因是该组织行为上的，而不是程序的问题。

类似失败的案例并不限于项目管理领域，越来越多的金融丑闻和建筑工程事故凸显了组织文化中行为的破坏力。人的行为往往是为了获得短期商业优势或利益。

有时，文化会让一家公司在不知不觉中陷入灾难。柯达公司（Kodak）是 20 世纪摄影行业的巨头，在 2012 年申请破产。根据科特和其他学者的研究，柯达公司董事会不重视数字技术的兴起，根本不相信胶片会被取代，而且取代速度如此之快。

柯达公司早期的技术创新，是由工程师自主研发的，这本可以让他们成为行业领袖。

很明显，组织文化显著地影响各个层级的人的行为。在敏捷开发方面，组织文化是价值交付的核心，如果处理不当，就会造成投资浪费。

几年前，我与敏捷商业联盟前主席史蒂夫·梅辛杰共同参加会议。他传递的一个关键信息是，敏捷开发是一种思维方式。思维是一系列影响人思考、感知和行为的态度和信念。

因此敏捷开发是关于人的“大脑和心灵的”。我知道对一些人来说，这听上去很空泛，但事实上，它得到了脑神经科学的证实，值得深入研究。

项目，尤其是一些涉及变更的项目，往往会让人感到不舒服。人们喜欢熟悉的常规业务，喜欢自己熟悉的事情。重大变化的预期让我们感到不安，甚至恐惧。

脑神经科学表明，即使是最坚忍的人，对“新事物”也会产生惊讶的情绪，即使惊讶只是暂时的。惊讶是我们情绪反应的切入点。这是与生俱来的，因为所有的反应都先由大脑中一个叫作杏仁体（amygdala）的狭小区域控制，并且是短暂的；两个杏仁状组织中一个位于大脑深处。杏仁体在记忆、决策和情绪反应（包括恐惧、焦虑和攻击性）中发挥着主要作用（图 5-6）。

曾有一段时间，大脑研究专家认为杏仁体与我们的历史进化有关。它曾被误称为“蜥蜴”脑，被认为具有古老的功能，杏仁体的功能被认为对生存很重要。如果遇到威胁，动物会以某种方式下意识地做出防御反应——如逃跑、躲藏，甚至站住不动。情绪等级中恐惧反应比信任反应多很多，这并不奇怪。

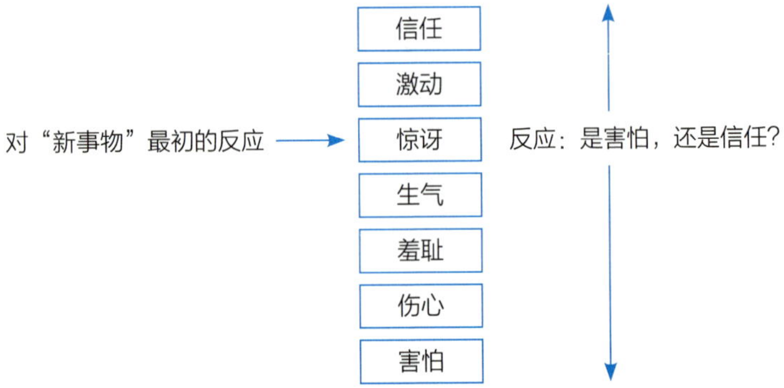

图 5-6　情绪等级和对“新事物”的反应

因此，这就是为什么人们更喜欢熟悉的现状，而不是未知的改变。这也是为什么，为了鼓励人们接受改变，你必须首先消除对它们的恐惧。

重要提示

为了成功地实现敏捷开发，为了实现工作的项目化，必须由董事会发起，培养敏捷开发思维并贯彻到整个组织中。

为实现敏捷开发改变企业文化

到目前为止，本章已经介绍了组织文化的重要性。

接下来的挑战是如何利用冰山理论来改变组织文化，使项目和敏捷开发能够健康发展。让我们先回到熟悉的领域，项目变更，或者业务、组织转型。图 5–7 是典型的项目变更管理周期。

原则看似简单：组织文化模型提供了分析文化内容以及它的工作方法。如果你能做到这一点，就可以确定需要修改、添加或删除的内容。这些会带来一系列结果，你可以围绕这些结

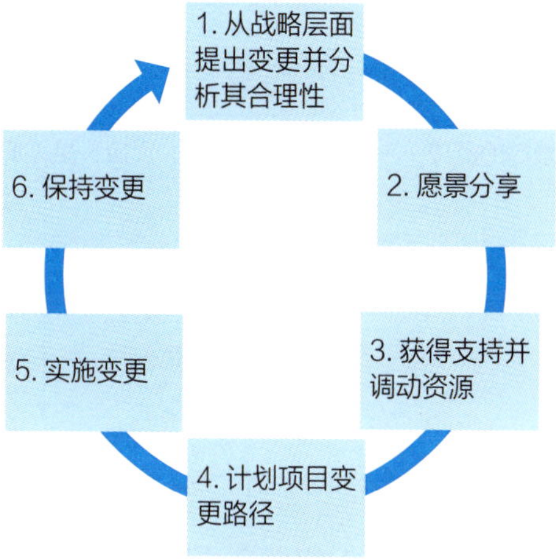

图 5-7　项目变更管理周期

果制订计划。

简单吗？当然不。如果的确简单，为什么那么多组织没有开始改变呢？这是因为以下两点。

1. 组织文化并不简单；相反，它是错综复杂的；
2. 存在不同的组织文化模型，因此分析文化的方法也不同。

我最推崇艾德·希恩（Edgar Schein）的方法。希恩的三层次文化模型从外部观察者的角度来看待组织文化，并通过三个层次来描述组织文化：

人工制品——外显的文化产品，外部观察者可以看得见、感觉到和听得见的组织属性。在冰山理论中，它们是水平面上的部分。

信奉的价值观——组织宣称的“文化”，例如公司口号、使命、愿景和价值观。这些通常也在水平面以上的部分。

基本的隐性假设——组织文化的核心是早已在人们头脑中生根的不被意识到的假设、价值、信仰和规范等。这是冰山理论中水面以下的部分。

另一个常用来定义组织文化的模型是麦肯锡的7S组织设计模型（图5-8）。

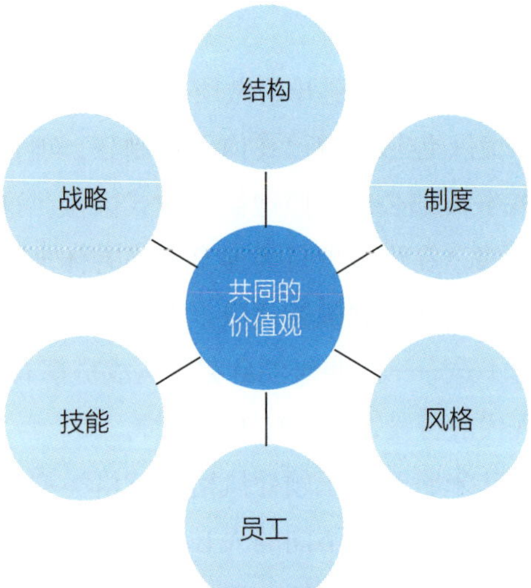

图5-8　7S组织设计模型

7S组织设计模型非常便于分析。它与组织项目管理框架有很多相似之处。然而，需要注意的是：这个模型是作为组织设计工具而开发的，很容易让人们忽略文化表象之下属性的细微差别。

我的建议是：

- 学会使用希恩的三层次文化模型；
- 学会使用麦肯锡的 7S 组织设计模型；
- 思考组织文化冰山理论中的可见和不可见部分的特征。

第 9 章将展示这种方法如何成为敏捷开发的一部分。

领导力和职业精神

20 世纪 80 年代，我刚开始做项目管理时，大家对项目经理的刻板印象是（包括我自己在内）控制狂，项目经理想要控制一切，多数事情都必须按照他们的方式去做。这是一种独断专行的领导风格，在许多项目经理身上都有体现。团队总是要适应项目经理，一些人勉强能适应，而另一些人的积极主动性被消减，叫苦不迭——这些对项目和团队成员都有负面的影响。项目就像是现代的苦役，叫人打不起精神。

当时，我从未听过关于领导风格或性格类型的知识，更不会运用。我只知道，针对不同的人必须采用不同的方法。有时说服鼓励，有时必须强制要求。

后来，我逐渐意识到，一些举足轻重的人会影响项目，或者会受项目影响。这些人被称为项目干系人，他们的级别通常比项目经理高。然而，他们仍然需要被管理，也就是说，按照我的需要去做或表现。嗯，大多数时候是可以的。是的，你可以向上管理。

本章后面会介绍更多关于项目干系人管理的内容。

说到将敏捷开发引入领导力，我认为主要有四个因素值得关注：

- 敏捷领导者拥有或应该培养的思维方式；
- 支持敏捷领导的环境；
- 敏捷领导行为成为默认的领导行为；
- 专业人士根据当前需求调整领导力。

敏捷领导者的思维

如何成为敏捷领导者的观点不胜枚举。在我看来，人们经常把管理、领导力甚至性格类型与敏捷开发的特点混为一谈。例如，我曾在不同场合被评估为四种不同颜色的性格类型，版本各不相同，四种颜色性格类型可以简单地描述为：

红色：让我们现在就开始行动吧！

黄色：让我们一起做。

蓝色：让我们好好做。

绿色：让我们认真地做吧。

不同的时间和场合下，我曾被归为典型红色和典型黄色，也曾被描述为蓝色和绿色。一位客户甚至戏称我为变色龙顾问，对此我一点儿也不感到惊讶。

思维

思维之于个人，犹如文化之于组织。它源于我们生活中的一系列信念、经历和影响。我本来想说它影响我们的思维和行为方式，但更确切地说，是它让我们按照自己的方式思考、反应和行动，而不是它迫使我们去做，让我们别无选择。

虽然思维是个人的，但它通常会在一个社交圈内共享，例如组织中的高层。思维包含的内容广泛。这就是为什么思维模式是文化冰山模型中唯一一个既在水面以上，又在水面以下的组成部分。

再次重申史蒂夫·梅辛杰的观点，敏捷开发是一种思维方式。令人惊讶的是《敏捷软件开发宣言》没有提到思维。虽然很多人会说敏捷思维显然是隐含的内容，这里不得不提一个问题：

没有敏捷思维，还能有敏捷开发吗？

为什么在这一节提出这个问题呢？首先，因为拥抱敏捷开发意味着脱离，或至少修改官僚式组织。其次，为了拥抱敏捷开发，从最高管理层开始，所有的领导需要从头脑和内心都彻底懂得敏捷开发。

观察成功卓越、发展迅速的电子商务巨头和新技术公司。它们的共同特征是，作为组织，它们避免结构化、等级严苛的官僚模式。相反，它们表现出灵活组织（adhocracy）的特征：不断创新、适应性强的组织，其运作方式与官僚主义（bureaucracy）截然相反。官僚主义一词是由沃伦·本尼斯（Warren Bennis）在《临时社会》（*The Temporary Society*）

中首创的，阿尔文·托夫勒（Alvin Toffler）在《未来的冲击》（*Future Shock*）中引用了这个词。

朱利安·伯金肖和乔纳斯（Jonas Ridderstråle）研究了为什么一个组织可能会在官僚型、精英型和灵活型组织之间做出选择。他们将灵活型组织与敏捷开发联系起来，因为创造性和适应性对两者都至关重要，说明成为灵活型组织并非偶然，而是经过精心设计——建立思维模式，并需要领导层的力量来推动实现。

重要提示 | **迈向敏捷的进程必须由高层领导和推进。**

那么，什么是敏捷领导思维呢？思考以下这组问题：

- 我能否确保团队持续关注交付价值？
- 我是否鼓励团队协作、自主和灵活性？
- 经过深思熟虑，我是否会冒一定的风险，并鼓励团队也这样做？
- 我是否对错误有预期，并坦然接受，坚持不断学习？
- 随着时间的推移，判断力是否提高？
- 我是否能接受并迅速应对能够确保提高价值的变化？
- 我是否了解团队未来需要什么技能？
- 我是否欢迎并接受团队的反馈？

> 这是一则关于美国前国务卿科林·鲍威尔（Colin Powell）的传闻。在鲍威尔担任国务卿一职时，他身边有多名实习生。他要求其中一位实习生写一份报告。

> 热情的年轻实习生接到任务离开了，几天后提交报告。很快，科林·鲍威尔派人找到实习生。他发现报告并不符合要求。实习生脸色发青，嘀咕了一句："哦，嘘！"科林·鲍威尔微微一笑，回答说："没关系，允许有一次'哦，嘘'的机会。"

归根结底，敏捷开发不仅需要一个可以犯错误的宽松环境，还要从错误中总结经验、吸取教训。

在了解了什么是不正确的敏捷领导，以及敏捷领导背后的思维后，接下来要介绍的是敏捷的领导风格。

但在此之前，我要提醒一句。不要把领导力和领导的参与度混为一谈。领导力侧重的是为项目提供愿景和方向，并让人们去实现；领导的参与度指的是亲自参与，可能是被动参与。你是否遇到过有人参加了会议，却没有作出任何贡献？

放手型领导

敏捷领导首先可以被称为放手型领导（hands-off leadership）。让我们首先来了解放手型领导。

你可能已经为人父母。如果是这样，你可能还记得教孩子骑自行车的过程。想象一下当时的情景……

> 在拆除自行车辅助轮的关键时刻。孩子慢慢踩踏板，父母仍然轻轻地抓住孩子的背部、自行车座椅。现在，想象一下，你把手慢慢松开，孩子开始摇摇晃

晃地往前移动。

作为家长，你该做什么？松开手时，立即停下脚步吗？还是跟在摇摇晃晃的自行车后面跑一会儿？如果是你停下来，前方遇到灌木丛、灯柱、小狗或者另一个孩子挡住去路呢？如果危险发生，你已经离得太远了，无法采取措施。

但如果你继续跟随，在需要时伸手相助……或者孩子要求你紧紧跟随。

接下来，骑行会越来越顺利，一切都好起来，摇晃幅度减少，孩子的信心和能力都会增加。你仍然跟随，但可以后退一点，留给他们锻炼和成长的空间。

重要提示

敏捷领导行为的本质是保持足够的联系，以便在需要或被要求时进行干预。敏捷领导行为也与如何授权密切相关。

如何运用到项目中呢？这里有两个例子，一个来自项目内部，一个来自外部。

实例：超市升级改造项目（图5-9）

超市升级改造项目是该连锁店商店转型升级的核心部分。关键成果是销售点安装PoS收银系统。商店分为三个类别：社区、商业街和社区外商店。新的收

图 5-9 超市结账设备

银台在功能上是一个飞跃。它建立在被替代的系统之上，这一变化将获取大数据支持，以帮助营销和库存控制。此外，新的收银系统能够利用更快的数据链接，提供数据链接是商店转型升级的另一部分。

每个结账系统都包括硬件及 PoS 软件两部分。两者都是选用最先进的、知名的专业供应商。该项目集包括：

- 商业论证和高级需求优先级。这些是在项目启动前。
- 硬件和软件采购。
- PoS 软件开发。
- 硬件（结账设备）配置，包括交付的 PoS 软件

的集成。

- 在三个地区和所有三种门店类型进行试运行。
- 第一阶段正式推出。
- 第二阶段正式推出，包括升级。
- 第三阶段正式推出，包括升级。

零售业务总监是该项目负责人，负责组建升级改造项目委员会。该委员会由零售业务董事会、信息技术、财务和企业项目组合办公室的成员组成。

委员会批准了该项目使用敏捷开发方法，主要原因如下：

- 需求相当成熟（市场和物流部需要做大量工作）。
- 硬件解决方案大多只需要配置数字连接与核心系统的接口，例如价格变更或远程软件升级，以及品牌。
- 软件解决方案虽然需要大量配置（品牌、工作流、营销、价格变化过程和规则），但预计主要使用内置功能。估计增加约 10% 的功能。
- 安装方法经过了测试，值得信任，尽管目前还没有达到建议的规模。
- 所选择的 PoS 软件供应商具有高度成熟的敏捷软件开发能力，并可以提供培训和指导。
- 敏捷教练将在项目层面提供支持。

该公司的项目、项目集和项目组合管理能力成熟度被评估为4级。其中包括一个企业项目管理办公室（EPMO），旗下还有项目卓越中心和项目交付社区。

委员会支持商业改造项目，确定了项目的时间和成本，并明确了项目最小范围（对软件来说，这是Epic级别），改造项目基于要求的优先级。

在董事会的批准下，项目预算、时间、范围和目标以及应急情况都授权给项目发起人。项目委员会按照规定预测并清除项目阻碍。

合同和相关采购订单确定了具体方案和项目的成本。财务和EPMO审核发票，以确保正确地开出。项目经理要求检验每张发票。财务和EPMO负责跟踪项目和提交报告。

EPMO、财务和项目集经理协商采用例外管理（management by exception）的治理方案。软件工具可以完成项目仪表板和深度研究。

简而言之，该项目创建了一个可以让敏捷开发健康发展的环境。在这个项目中，敏捷领导实质上是将权力下放给项目发起人、项目和项目经理以及开发团队。每个人都被授权在与EPMO商定的最基本保证框架内，在明确的范围内和灵活的工作方式内做决策。技术使EPMO能够捕获进展数据，然后分析和展示项目仪表板、进行趋势分析，并在必要时进行深入研究。

授权和保证框架的主要影响如下：

- 把项目发起人解放出来，专注于为项目清除障碍。
- 使项目集经理能够确保整个项目集的整合，保持项目能力的完整性，同时保持对项目和项目集进展的现状和趋势掌控。
- 项目经理与部门经理保持联系，例如关于主题专家。确保项目数据准确且最新，“顺利完成工作”和管理已实现的价值。
- 开发团队被授权在交付范围和时间内做出决策，例如关于详细的需求、设计和产品配置或开发。

从行为上讲，早期最大的挑战是让主题专家习惯于做决策，比如信用卡支付功能到底该如何运作。他们对自己的决策很有信心，但习惯于在做决定时征询部门经理的意见。与此同时，相关部门经理最初也感到不习惯。后来，大多数人对借调到该项目的员工越来越有信心。

人们可能认为敏捷开发在 PoS 软件项目中优势显而易见。是的，项目使用了 Scrum，实际上有一段时间，同时有三个 Scrum 团队。Jira 被用来开发 Epics 和用户故事，对用户需求按照优先级划分，并分配成 sprint。还配备一些敏捷开发专家，他们习惯于协同工作并指导客户。

然而，尽管采用了放手型管理，项目集经理和项目发起人仍然非常关注 PoS 软件项目，原因是该项目有高度的不确定性和预期的开发难度。

结账系统配置的挑战主要是技术上的，而且很容易理解，涉及与商店相关的限制，如空间使用、电源、数字连接、员工和客户行为的工效。该项目团队有清晰的项目目标和时间表，实际上，这还是一种放手型管理。

组织正式推出活动的团队经验丰富，并得到了很多帮助。他们有充分的自由，计划最节约成本和时间的推出活动。

以上作为整个项目集敏捷领导的一个例子，下一个例子侧重于单个项目。在单个项目中，组织文化在项目经理的领导能力和决策敏捷方面也发挥着关键作用。

例子：领导力与授权

这是一个机场项目。考虑到机场每天运营约 18 个小时，保证机场的日常运营尤为重要。许多项目必须在不影响日常运营或不干扰乘客的情况下进行。因此，有些项目必须在深夜开工。这是一个固定交付时间的项目。

影响项目的另一个因素是，项目开工时间都在深夜，航站楼运营总监和高级管理人员都已经睡觉了。

今晚，一位工程项目经理正在监督承包商更换空调系统的部分部件，为期三个月的项目距离完工还有两周；中途突发几个问题几乎耗尽了剩余项目时间。另一个更重大的项目的进度取决于此项目能否按时完成。

在安装过程中，项目承包商很快发现控制系统的几个连接件被腐蚀了，还有一个控制零件也需要更换。承包商表示，他们带有备用的连接件，但控制零件需要返回仓库取，大约 30 分钟的车程。这些零件的费用高达 3000 英镑。项目经理没有批准额外开支的正式授权。然而，经过评估后，项目经理认为只有控制零件及时送到，才能保证接下来的项目进程，他果断决定继续安装，做项目变更。承包商与机场有四年的合作关系，接受了此次非正式的授权。

安装按时完成，项目经理将变更申请提交给高级工程部经理和航站楼运营部经理正式审批，他们都批准了项目变更。

两天后，召开了每周的航站楼项目评审会。例会上，项目经理为自己在现场提出的变更说明了情况，解释了原因。他们说明了现场快速评估了项目完成时间、成本和风险。风险是双重的：变更不被批准的风险和无法完成项目的风险。报告部分内容介绍了如果暂停项目，毫无疑问会影响主项目的开工，尽管他们对该主项目没有直接责任。报告被批准了，并受到了赞扬。

特别需要说明的是，许多项目是在正常工作时间之外进行的，无法预测可能面临的诸多挑战。项目专业人员期望可以做出判断，甚至得到一定超出职权范围的授权。还记得科林·鲍威尔的故事吧，他无疑会为自己的放权感到自豪。

放手型的文化是让项目专业人员承担合理范围的风险，并得到相应的支持。当然，如果他们经常犯错（同样是科林·鲍威尔的例子），也会存在潜在的负面影响。这些项目专业人员之所以被选中，是因为他们具备足够的经验和工作能力，并知道可能会遇到突发情况。并不是所有的项目经理都会对这样的文化感到满意。朱利安·伯金肖提到的具有官僚思维的组织就对此种文化感到不满。

重要提示 | 敏捷领导者知道何时勇于承担授权，即使在他们没有得到授权时。

虚拟团队领导力

由于新冠疫情对工作的巨大影响，远程办公已经成为一种重要的工作方法。我一直计划在本书中讨论虚拟团队领导力。

远程办公和虚拟团队正逐步普及，其驱动和推动因素也一直在增加。2017 年，全球最大的办公空间解决方案供应商雷格斯（Regus）出具的一份报告揭示了一些有趣的事实：

- 50% 的员工表示，每周至少有两天半不在办公室工作，其中 36% 的人是居家办公。
- 27% 的员工表示通勤是浪费时间。

- 美国的一份报告显示，为了工作灵活性，1/3 的人选择成为自由职业者。
- 加拿大的一项研究显示，79% 的自由职业者对工作与生活的平衡感到满意。
- 英国 18~44 岁的人群中有 91% 拥有智能手机，远高于中国（62%）或欧盟平均水平（61%）。

《雷格斯报告》(*The Regus report*) 得出的结论是，(当时) 居家办公的比例并不高，这表明“在家办公严重降低了工作效率，不能体现专业性，居家环境有家庭成员、宠物、家里的噪声、不断响起的门铃且注意力不断受到打扰……报告还表明，员工在家里无法使用办公设备，也无法确保稳定、快速的互联网连接”。

然而，肆虐全球的新冠疫情发生了，一切都改变了。表 5-1 列举远程办公的驱动因素和推动因素。

表 5-1　远程办公的驱动因素和推动因素

驱动因素	推动因素
成本节约	宽带速度和可利用性
保持工作与生活平衡	网络电话
自由职业者比例更高	移动互联网网速
提升工作灵活性的需求	智能手机应用程序
留住优秀人才	协作工具的普及
采用敏捷开发方法	低成本的网络摄像头
提升协同工作能力	基于云数据的安全性提升

15 年的自由职业和 10 多年的顾问工作，让我已经习惯远程工作。远程工作地点大部分是家里，但也有时在商业中心、酒店房间，偶尔也会在度假酒店或者咖啡厅。这种敏捷开发显然是工作中常见的。即便是一次商务旅行，不仅要考虑交通和住宿，还需要考虑工作、接听和拨打电话以及是否具备参加网络会议的条件。

即使居家办公也必须做好计划，包括家庭环境——参会者将看到你的家——是展示自己的一个方面。人们的着装、家庭装饰、孩子和宠物已经成为我们面对新冠病毒时经常调侃的话题。

> 几年前，我为一家视频技术公司提供咨询服务，帮助培养与客户的协作关系。在商业上，这是非常必要的。这次咨询服务包括去亚特兰大的几次出差，也有很多次视频会议。一个炎热的夏日，我正在花园的阴凉处办公。当时的无线网络信号很强，我决定留在花园参加网络会议。显然有人对绿树如茵的户外背景非常惊讶，当我表示从他们身后的窗户可以看到同样的风景，而我需要同样的氛围，大家都笑了……非常幸运，大家都能理解！

重要提示 | 评估并了解你的听众。

这段真实的经历突出了远程办公和虚拟领导的众多挑战之一。彭妮·普兰（Penny Pullan）博士在著名的《虚拟团队领导

力》（*Virtual Leadership*）提出虚拟团队存在诸多挑战：

- 需要长时间建立信任——而且可能会迅速消失；
- 多个项目会分散人们的注意力；
- 远程会议很乏味；
- 矛盾冲突被隐藏；
- 非正式沟通的时间减少；
- 希望缩短会议时长；
- 不是公平的竞争环境；
- 参会者轻易关闭摄像头。

对此我还想补充几点：

- 远程办公的绩效管理；
- 员工对虚拟技术的抵触。随着越来越多的人习惯，抵触情绪会逐渐减弱；

不得不说，远程会议以及虚拟领导的一些挑战与面对面是一样的：

- 会议时间过长；
- 缺少会议议程；
- 人们不倾听会议内容；
- 会议领导力效率低；

疫情似乎凸显了虚拟团队和面对面工作平衡的必要性。

> 2020 年，诺丁汉大学商学院举办一次活动。小组发言的间歇，大家畅所欲言。其中有一位是英国一家汽车公司的主管，他发现新冠疫情期间，该公司部分员工强烈要求在办公室待一段时间，原因是“想念同事”，期望面对面交流。然而，另外一些人仍表达了对回办公室的担忧。这本身就是对领导力的挑战。

敏捷开发如何应用于虚拟团队？ 最好从测试敏捷领导力的问题开始：

- 我能否确保团队持续关注价值交付？
  - ⋆ 会议前和会议期间，会议目的和结果是否明确？
    - ○ 如何实现？
  - ⋆ 会议结束时是否有简短的总结？
    - ○ 比如，进行线上调查，也为会议效果提供参考数据。
    - ○ 询问对此次会议的感受？
    - ○ 相关人员是否都参会了？ 如果没有，为什么没有，下次该如何弥补？
    - ○ 会议是否需要全体成员参加？ 是否可以将会议拆分，以便提高参与效率？
    - ○ 会议计划了多久？ 计划是否准确？
- 我是否鼓励团队协作、自主和灵活性？
  - ⋆ 这可能是最难的部分。
  - ⋆ 参会人员是否能参与其中？ 如何参与？ 比如，员工激励，留出时间，或者公开投票。如何评估参与度？

    - 如何提出建议和问题？
        - 口头；
        - 虚拟会议室；
        - 公开投票；
        - 聊天区。
- 经过深思熟虑，我是否会冒一定的风险，并鼓励团队也这样做？
    - 如何允许和鼓励新颖的想法？
    - 这些新颖的想法是被如何表达的？是在虚拟会议室中直接说出来？还是在聊天区用文字提问？
- 我是否对错误的产生有预期，并坦然接受，坚持不断学习？
    - 如何表达想法和建议？
    - 如何处理批评、指责？
- 在确保提高交付价值的情况下，我是否能接受并迅速应对变化？
    - 棘手的问题是项目目标或范围的实现受到质疑。
    - 面对质疑，如何管理？这些质疑是无中生有的，还是真实有效的？
    - 质疑者的反应如何？这对他们和团队有什么影响？
- 我是否了解团队在未来需要什么技能？
    - 团队是否了解如何更好地使用视频会议？
- 我是否欢迎并接受反馈？
    - 是否期望得到反馈？
        - 项目启动之前，例如关于项目目的、范围和结果。
        - 项目执行期间，例如评审会议。

- 项目结束之后。
- 有多少反馈？ 如果反馈很少或者没有，这是件好事，还是该担心？
- 如何应对意料之外的反馈？

所有这些问题及其回答都为会议计划（线上或者线下会议）及行为提供了有力的指导。

重要提示 | 敏捷开发意味着纪律和灵活度并存。

敏捷开发团队

罗马共和国统帅尤利乌斯·恺撒（Julius Caesar）对敏捷开发团队略知一二。他以快速调动军团击败敌军而闻名。罗马帝国军团在很大程度上是自组织的小型政治团体。要知道，当时唯一的通信方式是骑兵信使。消息的发出和回复需要几天甚至几周时间；因此，军事目标、指挥以及总体战略部署必须讲得非常清楚。恺撒非常信任这支军队，从罗马教皇使节到罗马军团士兵，作战时军团训练有素。军团具备以下特点：

从大队到百人队到军团，不同规模的军事编制，都必须服从命令和指挥；

即使是600人的大队也是自组织，具备一定程度的独立作战能力，并且士兵角色根据情况灵活转化；

依赖于罗马军团严密的组织体系，军团高度互信；

团结协作；

不断地训练。

2020 年，我在领英（LinkedIn）发表文章《尤利乌斯·恺撒（Julius Caesar）敏捷征服高卢》（*Julius Caesar's Agile Conquest of Gaulu*）做了更详细的描述。让我印象最为深刻的是罗马帝国军团的自组织程度。

在认真阅读大量书籍、博客和文章之后，结合我的理解，我总结出如下的敏捷开发团队特点：

- 有明确的目标；
- 自组织团队或自治团队；
- 有授权，同时清楚授权的边界；
- 有决策权；
- 有效沟通；
- 相互信任；
- 持续改进；
- 相互协作；
- 适应性强，包括项目中的角色灵活性；
- 强调团队而非个人。

需要补充的是敏捷开发团队通常是跨部门的，这往往是项目团队的普遍情况，不是敏捷开发团队的特征。

在整理以上敏捷开发团队的特点时，我查阅的大多数资料都来自软件开发行业。在敏捷开发团队中，经常能听到“我们”一词。“我们”一词的频繁使用，表示个体被认同为团队成员之

一，这是敏捷开发的先决条件。如果“我们”一词很少使用，大家应该敲响警钟。成熟的敏捷开发团队中，成员之间都乐于助人、无私奉献。

创建敏捷开发团队的挑战

让我们暂时沉浸在幻想当中，幻想一支完美的敏捷开发团队：

- 这是一支高绩效团队，具备敏捷开发团队的所有特征；
- 主题专家有授权；
- 顶级的技术专家；
- 项目组成员非常有经验；
- 所有的团队成员都能做到承诺的事情；
- 团队成员对项目和未来愿景充满热情，并且精通工作内容。

很快，我就从幻想中醒来。现实世界从来不完美。项目经理很少能获得完备的资源。把上述想法反过来，是你经常会遇到的挑战。

在现实世界中，所有团队和组织都存在动态变化关系。带领团队或者身处团队意味着你需要了解这些动态关系，因为它们就像组织文化一样，会影响和改变人们的行为方式。

以上观点也许失之偏颇。但如同组织文化冰山理论一样，团队动态变化关系，才是冰面下起作用的部分。它反映了团队成员的个人感受以及成员之间的互动。

打造一支敏捷开发团队

人们经常批评敏捷开发，除非拥有一支完美的项目团队和能获得支持的外部环境，敏捷开发才可以成功地实施。如同那个经典的笑话：

纽约的女士（对男士）说：“如何才能登上卡内基音乐厅的舞台？”

纽约的男士说：“女士，你应该不断地练习！”

但敏捷开发具有很强的适应性，就像一个有潜力的好苗子。项目经理应该做好充分准备，特别是在项目启动时，针对预计的风险。

为了打造一支有效的敏捷开发团队，你需要针对项目和外部环境做有规划的管理。让我们来看看敏捷开发团队的组建过程。（图 5-10）

图 5-10 打造敏捷团队

首先，你需要制订计划，明确敏捷开发团队需要的技能和员工个性。接下来，你需要判断所需资源，以便今后为争取资源做准备。如果职能部门经理不愿意委派部门员工支援项目，比如做项目负责人，你要想办法找到后备人选。为了顺利组建团队，你还应该明确项目为职能部门带来哪些共同利益。

发展和保持团队

让我们再次回到科特的变更管理。为了保持活力，关键是把一些事情做到位，并坚持下去：

- 高管积极主动地支持敏捷；
- 积极的项目发起人，适当授权；
- 在项目组合、项目集和项目层面实行“放手型”领导；
- 团队按照敏捷开发方法运作，以保持敏捷开发的特征。

这不仅仅是为了登上卡内基音乐厅的舞台，而是为了多次登台表演。这意味着坚持以下几个团队成功的要素：

- 可视化的产品交付价值；
- 即使出现了问题，在团队内外都保持开放的态度；
- 融入团队，维护内部和外部关系，例如持续让“我们”通力合作；
- 定期回顾评审，不仅要回顾目前的工作，还要回顾工作做得如何；
- 持续学习。

团队绩效管理

有些文章认为，在自组织团队中，团队成员分享领导权。这是一种模棱两可的说法，在项目管理中，这根本行不通。之前关于领导部分内容的探讨不再赘述，对项目团队的任何成员来说，向下、向上和向外管理都是可能的，甚至是被鼓励的。这并不意味着团队中的每个人都是领导者，这无疑是一种不切实际的幻想。

对于敏捷开发团队，团队中的每个人都在关注他人，并给予支持。有时候，这种支持意味着发现不佳的业绩表现，指出问题，并帮助受困扰的团队成员。

然而，团队中负责绩效的人是团队领导。这是他们的工作。无论是项目组合、项目或工作包负责人，还是 Scrum 教练等。敏捷开发团队领导者必须密切关注团队成功的要素并进行监控，这些要素包括：

- 与项目计划相比，项目实际产出与结果，包括项目进展；
- 项目产出质量和结果是否符合验收标准；
- 与项目计划相比，项目产生的成本；
- 项目干系人的反应；
- 工作方法有效性，包括项目进展；
- 团队士气；
- 员工个人士气。

敏捷开发团队领导肩负着比其他人更重要的职责，比如，发现并管理不佳的业绩表现。他们在团队之外也同样肩负类似

的责任，例如项目经理对项目集负责人，项目集负责人对项目总负责人。

管理需要灵活运用各种项目管理工具，还要适合具体项目、团队、个人和情况。就我个人而言，我更愿意扮演教练的角色，指导项目组成员，而不是采取强硬手段。但有一家软件公司的高级客户经理例外，我就不提具体姓名了，我曾不遗余力地给他施加压力——让他知晓，侵犯客户利益的后果会非常严重。

自我模型

本节开始，先解释一下自我模型。2008 年左右，我开始深入思考团队建设技巧。这些技巧通常关注的是团队，如何把成员凝聚成团队——比如大致经历组建、磨合、规范和成熟四个阶段。但我也一直寻求从成员角度出发的观点。在研究的过程中，我意识到，个人在团队中的时间越长，对团队的价值就越高，也会更多地贡献团队。我可能是唯一注意到这一点的人，也一直在探索适合的模型。

自我模型视图展示个人如何逐步升华，融入团队。

顺便提一句，奥地利心理学家弗洛伊德认为升华是成熟的标志，让人们以文明和可接受的方式行事。这一过程可以使人们从事有益于身心健康的活动，或追求积极的、富有成效和创造性的行为。这特别适合成为团队的部分工作。

通过观察、阅读和讨论，我构建了以下模型。目前它只是基于项目管理实践，适合研究生阶段的研究。（表 5-2）

表 5-2　自我模型的行为和特征

行为	特征
以自我为中心	● 明确团队中的角色； ● 对职位没有信心； ● 在学习团队工作方式的同时关注自己的需求； ● 与其他团队成员的互动有限； ● 缺乏开放性
自主自立	● 对自己的角色越来越有信心； ● 开始与团队成员建立关系； ● 越来越开放
自我牺牲	● 对自己在团队中的角色和位置充满自信； ● 对工作方式有信心； ● 开始提出改进团队工作方式的方法； ● 与团队其他成员形成开放和良好的工作关系； ● 在自己的角色之外，支持其他团队成员
自我升华	● 支持团队愿景和工作方式； ● 填补其他团队成员的空缺； ● 积极应对团队中的冲突； ● 支持同事的想法
自我沉淀	● 积极参与团队的愿景和工作方式； ● 积极支持个人和团队； ● 积极促成同事的想法，而不是一味坚持自己的想法

该模型提出了个人在融入团队时所经历的不同阶段。我认为，组织可以用这种方法来加速团队建设，快速地让新人加入团队，或者帮助个人融入成熟团队。这里穿插一个小故事。

> 我曾经在金融零售行业工作了大约一年，执行一个转型升级项目。当时最得力的项目负责人离职了，

> 我需要找人接替他。寻找合适的继任者是个巨大的挑战，因为该项目集管理办公室是由众多优秀人才组成，且有凝聚力的团队。在面试中，我问了应聘者一个问题：如何能轻松地融入成熟的团队？
>
> 其中一位应聘者带着浓重的约克郡口音，笑着回答道，哦，我会组织一个咖喱俱乐部，剩下的工作交给他们去做。

角色和职责

我曾经参考英国项目管理协会几年前对工作能力进行的总结。它的研究结论是，敏捷开发并没有显著地改变工作能力或职责。项目管理角色和职责也是类似的情况。但是敏捷开发确实会产生一些影响。

- 项目经理仍然是项目经理；
- 项目集经理仍然是项目集经理；
- 工作过程经理仍然是工作过程经理；
- 项目负责人仍然是项目负责人。

不同的角色的履职方式也不尽相同，主要是行为方面的。工作职责，用于描述工作内容，也各不相同。

协作对敏捷开发至关重要。在协作工作模式下，不仅是项目内部的互动，还包括与外部团队协作，其本质都是双赢的、

互助的和可行的。

敏捷开发可能在两个方面对运营工作的角色和职责产生影响。首先，敏捷开发组织需要职能部门的经理们更主动（因为他们将被赋予更多的权力），鼓励更多的协作行为。其次，工作项目化，也就是项目经济，意味着职能部门经理、主管可能成为项目负责人。项目管理能力越来越成为部门经理的核心技能。

提醒一句：项目管理是一项可以后天学习的技能，但大家的能力水平差异很大。就像我坚持练习架子鼓，尽管我很喜欢，但总是表现平平。

敏捷开发和创造力

判断敏捷开发文化的一个指标是，团队成员是否可以自由地开展以下行动：

- 尝试新事物；
- 冒险；
- 为了创造出更好的成果，敢于尝试失败；
- 行动不拘泥于职位，而是基于良好的专业判断；
- 表示赞同；
- 表示不赞同。

我曾在美国的一家视频技术工作公司工作，帮助完成大客户项目。这家公司汇集了一群才华横溢的员

工。他们不断探索新的工作方式，以确保客户项目顺利进行。然而，开了几次会，我们几乎没有任何进展。于是，我召集了一个研讨会来解决这些问题，希望建立一种全新的工作方法。

会议第一天，每个人都非常客气。午饭后一个小时，我再也受不了了，大声喊道：

"能不能别那么客气，请说出你们的真实想法！"

他们都吃惊地盯着我。之后的几秒似乎很漫长，高级副总裁笑了笑说：

"我还以为你们英国人都是缩手缩脚、不苟言笑的，没想到你比我们更像美国人。"

这句话打破了原有的沉默，短暂的茶歇后，我们商谈了合作方法，包括商业和项目，对双方来说都是全新的。

创造力更可能出现在敏捷开发文化中，让我们再次回到了项目领导力。由此可以引发：

- 创新理念；
- 鼓励解决问题；
- 更好的团队士气和协同工作；
- 生产力的提高。

所有这些最终都会产生价值。

重要提示　留给大家说话的空间和自由，创造力就会随之而来。

项目干系人管理

在项目干系人管理方面，我的文章、博客、演讲和培训的内容多有涉及，发表的文章数量也远超其他领域。1992 年，我撰写了关于英国电信公司的项目干系人管理的第一本培训指南。

我认为，明确研究对象非常重要。英国项目管理协会对项目干系人的定义是：在项目、项目集或项目组合中有利益或作用，或受其影响的个人或团体。

与敏捷开发管理一样，项目干系人管理也往往存在误区。常见的一种错误是急于沟通，也许是为了在项目启动时避免生疏，或者在交付过程中，对突发事件做出积极反应。考虑到敏捷开发要求尽早、频繁交付，这看似是对的。然而，答案是否定的，这通常会导致错误信息在错误的时间以错误的方式传递给错误的受众。总之，对项目不利。

然而，有个简单且行之有效的管理框架，我已经使用了近 40 年。它的适应性经过了时间的考验，并得到了验证。我并不是该框架的创作者，但我强烈推荐给大家。

项目干系人管理框架

首先，针对项目干系人，询问五个简单的问题：

→

为什么，谁，什么信息，什么时候和如何。

1. 为什么需要交流？
2. 想和谁沟通？
3. 需要传达什么信息？
4. 什么时候需要沟通？
5. 如何沟通？

“为什么”需要交流？这是沟通目标：你期望与项目干系人达成哪些共识，例如指导业务通过审批，争取资源，说服其支持项目等。在敏捷开发方式中，这是你在整个项目中需要关注的价值。

“谁”是项目干系人？

需要向他们传达“什么信息”？在不同的时间向不同的项目干系人传达不同的信息，这通常取决于他们的利益。

“什么时候”是合适的沟通时间，通常是由项目进度决定的，例如，你可以有计划地向团队成员宣布项目阶段性成果，以保持大家的工作热情和获得支持。

“如何”指的是沟通的方式。不要急于沟通。

现在我们来看看项目干系人管理框架，如图 5-11 所示。

识别项目干系人让你知道谁是项目干系人，谁不是。例如，我发现，特别是在公共部门，许多人可能突然冒出来，装作与项目有关，或者挖空心思地编造某种关系。这种行为往往是出于个人政治目的。我称这些人为“有所企图的人”（wannabees）。识别他们，然后忽略他们，因为他们会浪费很多宝贵时间。下面的内容会教你把注意力集中在哪些人身上。

分析项目干系人是核心。你可以通过与项目干系人交谈，询问认识他们的人来了解他们，还要研究他们与项目的关系。除了分析这些已有信息，最简单的分析就是判断他们是项目的

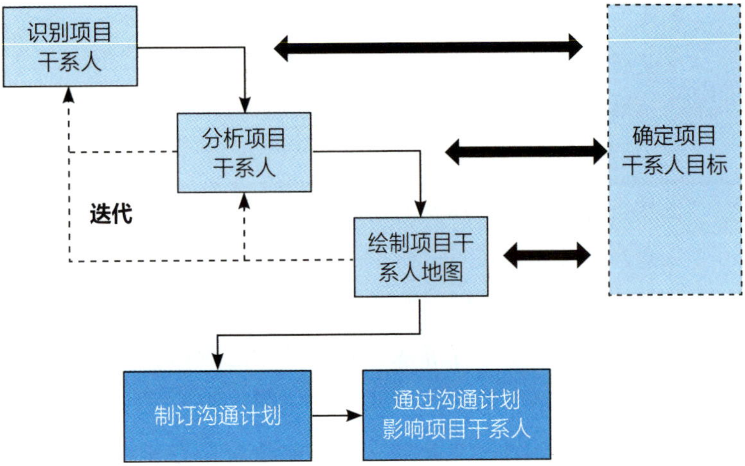

图 5-11　项目干系人管理框架

盟友、中立者还是反对者。目标应该是与反对者和平共处，把中立者变成盟友，并得到盟友的主动（而非被动）支持。

项目干系人管理框架的影响将逐渐显现。以下问题可以帮助你更准确地分析判断：（图 5-13）

- 每个项目干系人有多大的影响力或者权力？
- 每个项目干系人对于项目发挥何种作用？
  强大的盟友是助力；
  强大的对手是重大威胁（归为风险管理）。

- 他们是否只对项目的某些方面感兴趣？
- 可以通过他们的态度，明确认识。项目的反对者可能会表示否认、愤怒、沮丧和忽视，他们也愿意被说服或接受谈判。

- 还有一些重要项目干系人，我称其为关键人物与追随者。
  关键人物通常对资金有话语权；
  追随者对关键人物言听计从。

当然，还有其他更细致的划分方法。

注意两个警示词语：过犹不及和安全性。

- 过犹不及：项目干系人分析是非常有效的；但分析不要超出需求。
- 安全性：你正在了解的是人。记录和保存发现相关信息时，要谨慎小心。

关于安全性，敏捷开发意味着开放，但是信息、观点，包括关于项目反对者的信息都可能被误导。公共部门的项目可能会受到《信息自由法》(*Freedom of Information Act*) 的约束。敏捷开发既需要灵活也要务实。

图形化的工具能够让你按照优先级考虑项目干系人的活动并集中注意力。请记住，图 5-12 中的要素都是动态变化的；项目干系人对项目的利益和影响力水平可能会发生变化，需要进行动态调整。我还记得有一位职能部门经理对一个项目非常感兴趣，尽管没有直接参与其中。起初，我并未与他频繁接触，直到后来该部门决定把这个项目纳入培训课程。因此，项目干系人关系发生了变化，他们自然获得了更多的关注。

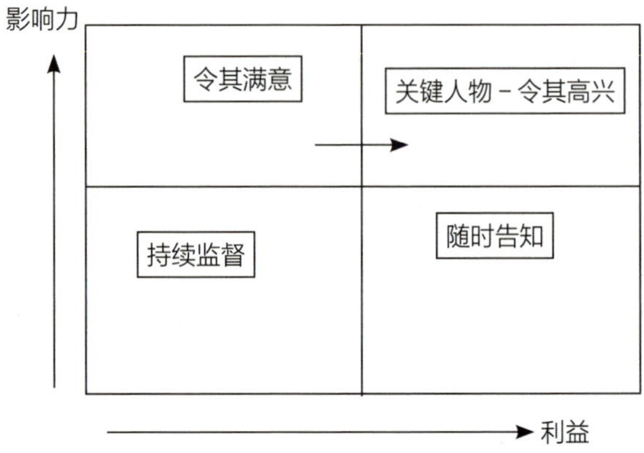

图 5-12　项目干系人的影响力和利益

实例：免费开采石油

20 世纪 80 年代，我的一位同事开始在北海石油钻井平台上担任项目工程师。那段时间正是该行业的黄金成长时期。在一个新钻井平台的开幕式上，一些高管参观了平台，我的同事接待了其中一位参观者。在一个多小时的时间里，他对各种各样的设备大加赞赏，充满了热情。一切都非常顺利，直到谈到其中一项成本是 200 万美元，另一项成本是 450 万美元，这位高管的脸色越来越难看。同事鼓起勇气问有什么事。高管说自己是首席财务官，并且说："孩子，我本想免费从地下挖出石油，而你却高傲地告诉我，在我赚不到一分钱之前，已经负债累累了。"

重要提示 | **与项目干系人沟通前，需要了解他们！**

完成项目干系人分析后，你可以绘制一张项目干系人地图，包括为什么，谁和什么信息等问题。

现在你可以建立自己的沟通计划，沟通计划周期如图 5-13。

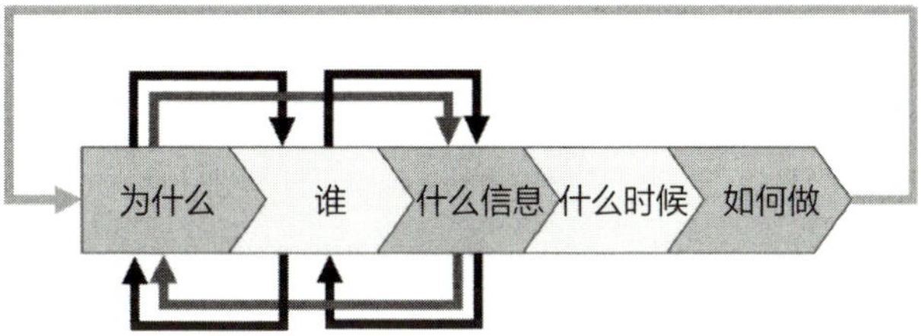

图 5-13　沟通计划周期

这幅图看似是线性的，但请注意图中箭头。这些箭头允许你在适当的时候迭代你的分析，也许是在项目过程中，也许是在启动时。如果你已经完成了识别项目干系人和分析，那么你就有了为什么、谁和什么信息的答案。现在你知道什么时候需要沟通，以及如何做。

我之前建议过，项目进度在很大程度上告诉你什么时候需要沟通，例如：

- 项目前期，组织人员进行商业论证；
- 推动商业论证审批通过；
- 在项目动员和整个项目过程中，激励团队和项目干系人；
- 阶段关口评审会（stage gate review）上，获得项目干系

人的参与；
- 在主要交付阶段成功沟通；
- 报告也是一种沟通，是向项目干系人展示项目进度的有效方式。

最后，我们来谈谈如何沟通。20 世纪 90 年代初，我第一次负责大型电信项目。如今的沟通渠道比当时多很多。虽然是比较久远的事了，但仍然有借鉴意义。

实例：英国电信电话日

1995 年 8 月 1 日，英国的电话号码增加了一位数字，新增了数百万个新号码。这项为期 4 年的项目耗资约 8000 万英镑，项目被称为“电话日”。无论项目内部还是外部的沟通，都遇到巨大的挑战。以下是对外沟通计划的内容总结。

该沟通计划使用了项目干系人管理框架。沟通计划的主要目的是在各种媒体中提高认识，让公众、企业和公共部门做好准备，例如配备电话监控的公司、配备自动总机的企业、非工作时间应急中心的全科医生。这些机构的设备都需要进行大量的重新配置。项目成本主要用于广播、电视和报纸的广告费，预估大约一千一百万英镑（图 5–14）。

当时，一位社交媒体市场部的同事与我一起重新做了商业论证研究，在对外沟通方法上添加了社交媒体，具体方法如下（图 5–15）：

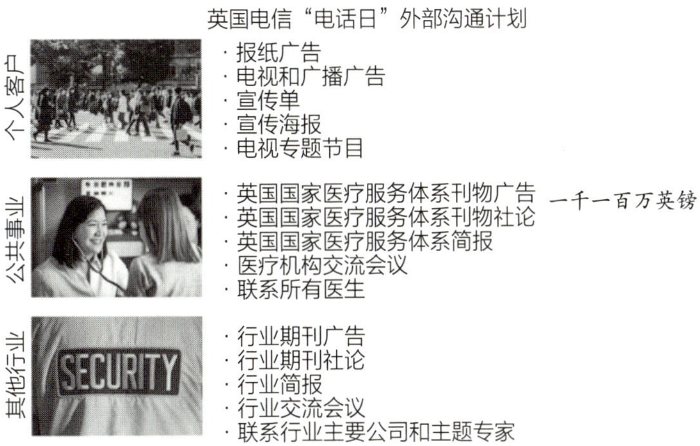
英国电信“电话日”外部沟通计划
个人客户
· 报纸广告
· 电视和广播广告
· 宣传单
· 宣传海报
· 电视专题节目
公共事业
· 英国国家医疗服务体系刊物广告
· 英国国家医疗服务体系刊物社论
· 英国国家医疗服务体系简报
· 医疗机构交流会议
· 联系所有医生
一千一百万英镑
其他行业
SECURITY
· 行业期刊广告
· 行业期刊社论
· 行业简报
· 行业交流会议
· 联系行业主要公司和主题专家

图 5-14　英国电信“电话日”沟通计划核心内容

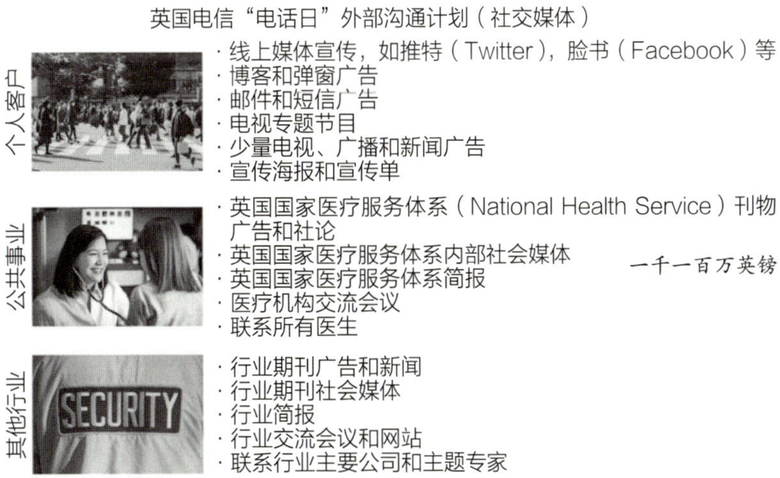
英国电信“电话日”外部沟通计划（社交媒体）
个人客户
· 线上媒体宣传，如推特（Twitter），脸书（Facebook）等
· 博客和弹窗广告
· 邮件和短信广告
· 电视专题节目
· 少量电视、广播和新闻广告
· 宣传海报和宣传单
公共事业
· 英国国家医疗服务体系（National Health Service）刊物广告和社论
· 英国国家医疗服务体系内部社会媒体
· 英国国家医疗服务体系简报
· 医疗机构交流会议
· 联系所有医生
一千一百万英镑
其他行业
SECURITY
· 行业期刊广告和新闻
· 行业期刊社会媒体
· 行业简报
· 行业交流会议和网站
· 联系行业主要公司和主题专家

图 5-15　英国电信“电话日”社交媒体对成本产生的影响

> 据估计，社交媒体渠道将至少降低 50% 的成本。敏捷开发实实在在地带来成本效益。

实例：消防控制项目——反面案例

英国国家审计署报告的关键性结论是，该项目的领导未能与关键项目干系人达成思想共识。他们理所当然地认为各个地区会接受消防系统升级的共同愿景。但事与愿违。

实例：英国国家医疗服务体系医疗信息化项目电子邮件子项目——正面案例

英国医疗信息化项目是一个饱受诟病的超级项目，但它实际上也取得了部分成功，甚至取得了超出预期的效果。其中一个子项目是开发新的电子邮件和信息系统。一位资深医生跟我讲述了其中一个好处。他说，这个系统可以向每个患者单独发送信息，他可以“编辑”一条像“现在就吃蓝色的药丸”的信息，并直接发送到患者的手机上。医生用于治疗一些患者，他们通常年事已高，可能有点健忘，但能熟练使用手机。之后，这位医生发现，老年患者因用药不当而入院的人数迅速下降。工作中实现了真正的敏捷开发。

从表面上看，这是改善医疗现状的新系统。然而，项目实际上是组建一个销售团队，该团队走访全国，说服各个医院，甚至是医生诊所，说服他们使用新系统——原因是英国国家医疗服务体系的地方自

> 治。故事中医生是一个积极倡导者，他极大地提升了沟通效率。

为了便于说明沟通需要字斟句酌，举个例子。如果英国国家医疗服务体系对公众进行调查，并询问其是否赞成提供属地医疗服务，回答一定是强烈反对；如果对公众进行调查，并询问是否赞成提供基于当地需求的医疗服务，答案一定是赞成的。

属地医疗服务和基于当地需求的医疗服务是描述同一件事情的两种方式。因此，谨慎措辞是一种强大的沟通工具，可能让事情变得更好，或者更糟。

敏捷开发的关键在于在项目的生命周期内，寻找最好的沟通方法适应项目的需求。

评估沟通效果

沟通需要有方法来检查其效果。沟通的结果通常是行为表现，例如，说服高层管理者不要阻碍项目进行。因此，沟通效果通常不像新开业的商店或发布正式运营的软件那样容易跟踪和衡量。然而，项目干系人目标和相关的关键信息提供了成功沟通的标准：

- 目标：赢得高层对商业论证的支持。
- 是否争取过高层个人支持或明确支持，例如给商业论证决策者发电子邮件？
- 目标：获得并维持客户对项目进展的满意度。

- 是否定期对用户进行调查，反馈如何？
- 是否定期对客户账户进行管理，是否有反馈？

对销售部门总监和专业服务团队来说，客户满意度是衡量客户关系的关键目标。因为满意的客户更有可能推荐你，从而带来更多生意。其次，确实出现问题时，只要采取补救措施，开心的客户更有可能做出让步。衡量客户满意度主要有三个方面的内容：

- 客户对销售团队的反馈；
- 客户对项目经理的反馈；
- 客户对客户、专业服务项目团队成员的集体反馈。

项目报告通常有两种方式反映客户满意度。首先，其中一个是彩色状态图。基于客户反馈，分别用红色、琥珀色、绿色代表不同的客户满意度。其次，风险报告。如果发现了重大风险，可以在项目风险日志上做记录，也可以记录在项目报告里。

然后，我的建议是确定了目标和关键信息后，还需明确如何评估沟通是否成功。关键问题是：如何评估？顺便说一下，如果你不能回答这个问题，很可能意味着你没有很好地定义项目干系人目标和关键信息。

项目干系人管理需要投入多少精力？

项目干系人管理有可能会占用项目经理的大量时间。分析项目干系人可能会涉及大量的细节，需要时间找到相关的信息。

由此产生的沟通和时间成本都是昂贵的。敏捷开发建议你做到“刚刚好”即可。我可以提供一些指导。

- 项目干系人管理应该纳入风险管理。
  - ★项目启动和随后的风险评估都强调项目干系人相关的风险，例如某些人的反对，或者项目干系人管理和沟通构成部分或者全部任务延迟。
- 根据项目干系人分析，安排优先级，例如：
  - ★识别对手，尤其是有影响力的对手；
  - ★识别盟友，尤其是有影响力且随时能提供帮助的盟友。
- 检查项目的进度，识别对沟通有很大帮助的活动，例如：
  - ★在项目启动时，争取支持；
  - ★项目重大里程碑；
  - ★在项目阶段评审会争取参与。

当心一些“冒牌”项目干系人，他们在浪费你的时间和精力。在分析环节，将他们识别出来，因为他们对项目没有影响。

管理项目干系人还是让他们参与工作？

一些从业者和英国项目管理协会的项目管理知识体系（第七版）认为，你应该想办法让项目干系人参与你的工作，而管理听起来略显敌对。参与表示协作、支持，在某些情况下，其内涵没有敌意。

要明确的是，我们的目的是让项目干系人做需要做的事情，让他们按照我们希望的方式行事。这是项目管理工具箱里最能

操控人的工具，有些人会称之为恩威并济。对我来说，对项目干系人管理有时需要他们参与，有时又需要操控。表 5–3 列出了项目干系人管理中代表操控行为和参与行为的动词。

表 5-3 项目干系人管理中代表操控和参与行为的动词

操控	参与
倾听	倾听
命令	劝说
告知	咨询
吩咐	询问
劝告	鼓励
孤立	支持
排除	欢迎

通常我采取的做法是让人们愿意为你工作，去说服、去鼓励等。然而，有时我认为有必要挥舞一根“大棒”，赶走为项目设置障碍的人。项目干系人管理的最佳方法恰恰是敏捷开发管理。

我建议你找几集《是，大臣》(*Yes Minister*) 来看，这是一部对 20 世纪 80 年代英国政府的莫大讽刺。汉弗莱爵士（Sir Humphrey）还健在，他还活得很好，不过令人庆幸的是，现在这样的人比那个年代少多了。

资源和人才管理

为项目提供资源还是不提供资源，这是个值得研究的问题。

敏捷意味着组织中资源和人才管理，既要支持日常运营，

又要支持项目活动，这是一种新的操作模式。不仅涉及具备能力的专业人才，例如主题专家，项目经理等，还需要有适当的资源来同时支持日常运营和项目活动。

实例：运营成本支出与资本支出

许多年前，我是英国一家大型电信公司的客户项目主管。当时该公司已经发展成一个赢利的专业服务机构。当然，公司的经营是基于项目管理的。由于内部人事政策，我们无权招聘过多的固定项目专业人员。起初，我尽量把合同制项目经理控制在10%以内。然而，销售额的增长将这一比例提高到40%。然而，客户大多希望项目管理人员长期稳定，并不欢迎合同制员工。

这个问题就这样解决了。但是，另一个我无法掌控的资源是技术专家，主要是数字电信工程师。工程师是从日常运营部门借调来的。毫无疑问，借调的技术人员有人数限制。另外，随着数字系统的成熟，运营方面期望减少借调人数。由于其运营成本预算的限制，资源不能既满足本部门需求，又支持项目服务。项目服务不允许雇用工程师。这限制了客户的增长，工程师人数的不足主要通过以下两种方法解决：①一些项目经理过硬的技术能力；②雇用合同制工程师，具有讽刺意味的是，公司不得不聘用了一些离职员工，也有来自其他电信公司的。合同制工程师的报酬来自资本支出预算，由于预测销售和利润会增长，这部分

> 预算设置较多。这似乎成了预算游戏。

从运营的角度来看，职能部门经理需要知道，在部分员工借调参与项目，部门需要保持一定的资源水平和员工能力，使团队表现一定工作能力，获得奖金，并且让员工满意。

重要提示 | **为了支持项目敏捷，组织资源配置必须同时支持日常运营和项目活动。**

当然还有其他的选择，比如主题专家，他们要么专门从事项目工作，要么放入项目资源库中。

无论是哪种方式，对任何组织来说都是重大挑战。例如，如果项目交付不顺利，资源利用率就像石头掉落一样下降，代价惨重。

由此可见，要建立和维持敏捷开发的组织文化，其中一项关键绩效指标（KPI）就是吸引和留住人才的能力。这就是人才管理。

敏捷开发人才的培养

说到人才管理，鉴于敏捷开发既是关于过程的，也是关于人的行为的，因此招聘到敏捷开发人才应该成为组织提升敏捷开发能力的一部分。

与大多数关于敏捷开发的文章一致，下面 9 种行为通常被称为是敏捷开发行为：

- 协作意愿；
- 在行为上做到开放、诚实和透明；
- 团队利益高于个人；
- 尊重和倾听他人（即使你有不同意见）；
- 适应性强，例如愿意走出舒适区，挑战新的角色；
- 执行力强，善于解决问题；
- 愿意寻求帮助和反馈；
- 敢于试错；
- 接受“刚刚好”的理念。

在为敏捷开发项目招聘和培养人才时，在岗位职责和人才挑选方面，这9种行为与技术能力同样重要。

一旦组织及其项目有了所需的人才，需要进一步培养他们，以提高组织和个人的能力。同时，敏捷文化也会得到加强。

核心项目交付资源的培训和开发是大多数组织都能做到的。然而，对于敏捷开发的健康发展，尤其是在新业务（日常运营和项目活动）方面，敏捷性必须成为核心能力培养的重点。

实例：机场运营团队

大多数机场的部门经理发现自己偶尔会参与一些项目。可能是作为主题专家，可能是管理一个工作包（a work package），通常工作包的工作内容与部门工作相关。相当多的部门经理陷入矛盾：①缺乏项目管理

相关的技能，导致效率普遍低下；②项目管理工作侵占了用于“日常工作”时间。事实上，后者通常源于前者。

解决办法是对部门经理进行基础的项目管理培训。对于热衷于项目管理工作，或者更频繁参与项目的人员，应该进行额外的培训和指导，从而有效缓解了问题①和②。

第 6 章

敏捷开发管理之过程管理

CHAPTER 6

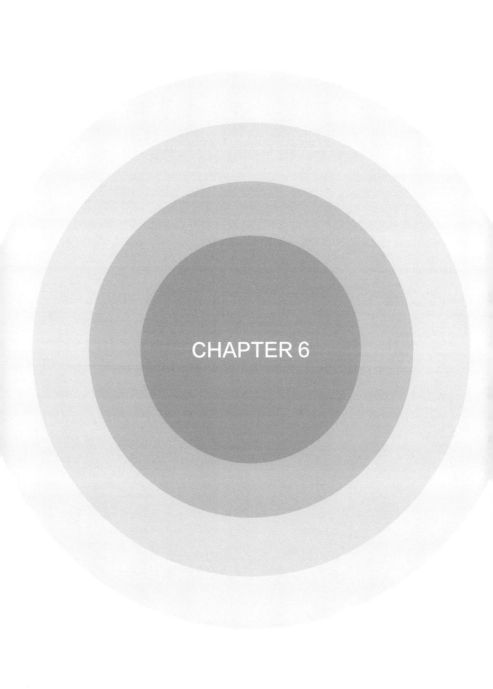

本章中讨论的过程管理适用于几乎所有项目管理方法或框架。本章目的不是深入讨论变更控制等细节，而是重点讨论如何以敏捷的方式在组织中应用，以及最终效果。

项目治理

谁出钱给吹笛子的乐师，谁就可以听到想听的曲子。“如果我是吹笛子的乐师，我希望乐队其他成员都能共同演奏出和谐的乐曲。”核心就是治理。

授权是件好事，但投资的组织期望：①投资收益非常有可能超过预期；②项目进展处于控制之中；③事情的处理方式是正确的。

敏捷开发应用于治理，就是对所投资的项目组合、项目集和项目都实行放手型的领导方式。这意味着：

- 确定授权的权限级别和边界，以及授权对象；
- 以董事会、报告、互动和参与的形式确定合适的监督等级；
- 调整组织管理和技术标准，例如项目、项目集和项目组合，人员的审批或绩效管理；
- 确保针对上述内容达成共识；
- 必须向上级汇报的决策，例如变更控制，能够迅速向上

反馈。

如果很好地应用于项目，项目治理可以形成一把大伞，在伞下，项目组合、项目集和项目能够顺利运行并成功交付。然而，我们讨论的是敏捷开发，而敏捷开发受益于更具支持性的组织。项目治理可以帮助解决的其他方面包括：

- 与人力资源部门的关系；
- 信息技术设备；
- 工作场所的设施管理；
- 企业内部沟通。

我并不是说项目治理提供了管理的机制。例如，人力资源部门有自己的流程。但请记住，敏捷在支持型的组织中效果最好。因此，敏捷治理不仅需要监督项目组合、项目集和项目的交付，还需要监督和支持运营职能的工作——例如，提供资源。

毕竟，项目治理是为了让项目负责人和高级管理人员放心，确保每个与项目有关的人都能成功而按部就班地工作，并取得良好进展。

战略和业务规划

20 世纪 90 年代末，英国的工商管理硕士（MBA）课程几乎都不涉及项目管理，但关于战略规划的内容有很多。与战略相关的运营商业计划也有很多，比如如何进行战略变革等。如今 MBA 课程发生了巨大变化。我开始在该课程中给学生讲授敏

捷开发管理。

如今，将业务转型纳入战略规划是很常见的。然而，通常情况下，当涉及具体实施时，运营和项目之间的脱节仍然存在。

为了满足项目经济的日趋发展，要将项目活动作为日常运营的组成部分。注意以下两个主要原则：

1. 战略和计划的制订要兼顾日常运营与项目活动。

2. 业务计划和控制周期适用于运行多年的长期项目。

日常运营和项目不仅需要设定预算，还需要资源的支持。遗憾的是，事情并没有那么简单。当涉及项目专业人员时，这些人可以以各种方式组织起来，主要目的是参与项目。

当涉及运营部门的技术支持时，需要调配足够多的员工到项目中，以确保项目持续进行。这绝不是一件容易的事情，因为项目资源需求会受众多因素影响，比如筹备启动、客户合同延迟、销售不足、项目进度等。新业务（包括日常运营和项目）的资源配置和设置预算需要同时满足。

敏捷开发就是要找到适合的解决方案。对规模适中的组织来说，尤其有挑战性。

安全和数据产品公司

这是一家成长型公司，公司发展既需要技术人员，又需要项目人员，还需要完成两种类型的项目：产品开发和客户维护。由于当前公司规模和预期业务增长，首席执行官意识到公司无法同时负担产品和客户维护团队。因此，公司每天都面临巨大的资源管理挑战，

> 公司最终决定把所有资源汇聚在一起，匹配给唯一的项目组合。
>
> 根据战略目标，这个项目组合分成若干个项目：
>
> →
>
> - 提议的产品开发或改进；
> - 在销售过程中和合同前的客户维护；
> - 产品开发和改进计划；
> - 合同中的客户维护；
> - 待开始的产品开发或改进；
> - 待开始的客户维护。
>
> 项目组合的进展需要不断评审，部分是因为资源需求几乎要按天安排。

在商业计划方面，滚动式年度预算（rolling year budget）比三年或五年计划更常见。其实，无论使用哪种方法进行财务规划，都需要与项目相适应。制订多年计划本身并不是问题。常规业务流程，如生产、营销、销售、财务和人力资源等，每年都会有变化。财务补贴可以在滚动式预算中预留，然后分配到年度预算中。

项目活动开始，进行，然后结束。即使项目在一个年度预算内完成，为项目设置预算可能也很棘手，因为大多数预算、成本中心、财务系统和审批都是为持续经营而设置的。

更具有挑战的是跨年的长期项目或项目集。以下是一些建议：

- 涉及多个职能部门的项目活动，考虑制订基于项目的预算方案。
- 涉及一个职能部门内的项目活动，考虑制订基于某职能部门的项目预算方案。
- 必要时，建立以项目为中心的成本中心。

批准

批准是商业计划的延伸。项目可以产生于组织中的任何部门。敏捷开发持续关注价值交付。的确，现在大多数项目专业人士都认为项目的目的并非交付实物，而是交付价值或效益。然而，过去并非如此。我采访过非常资深的工程项目经理，尤其是石油和采矿业务的项目经理。他们很少参与商业论证，而是专注于在预算范围内交付。敏捷开发意味着他们必须始终围绕着战略目标和交付价值。

因此，战略和业务规划可以更聚焦。这可以在两个层面上进行：一是在组织层面；二是在被授权和批准项目的职能部门层面。

即使项目是在职能之外交付的，也可以制定预算和批准。

如果有了与项目相关的预算，会使项目审批更加简单。为了实现敏捷开发，项目审批应该更加灵活。关于这部分内容，第 8 章会有更详细的介绍。

监督

一旦项目组合、项目集和项目开始实施，尽可能少采取监

督（治理）——可以采用例外管理。充分考虑下列情况所需的最适宜的监督水平：

- 财务监管；
- 报告；
- 标准；
- 文化（行为）；
- 支持业务的活动。

规划、监控和报告

根据具体情况进行规划

规划、监控和报告通常是项目控制的一部分。这样对项目管理没有问题，却偏重对项目过程的管控，但忽略了对人员的关注，即通过过程管理对项目进行控制。几十年来，项目管理一直忽视对人的关注。这不是敏捷开发。

我更喜欢领导项目（leading a project），对我来说，这意味着更有效地整合过程（例如计划、跟踪、风险、变化等）和人员（领导力、团队合作、沟通等）。这才是敏捷开发。

三者的区别和联系

规划、监控（跟踪）和报告是不同的项目管理活动，尽管它们密切相关。因此，考虑一下你需要从中获得什么，以及它们将如何在项目中协同工作。

例如，你需要制订技术计划，以便在机场候机楼采购、准备并安装新的空调设备，而安装施工需要夜间在航站楼进行。你必须确定施工时间、相关因素、技能、所需材料、风险和成本。

你可能只需要追踪特定产出的进度，而不是全部。因此，规划很可能比监控更细致。

报告最终可能会更简单，即记录航站楼关闭后，每个深夜完成的工作。

永远记住，不要超过你需要做的，这是另一种刚刚好。这看起来是不敏捷的，但花点时间做计划可以在项目中为你节省大量的时间、精力和成本。

需要做多少规划、追踪和报告?

敏捷软件开发领域的一些人质疑计划的必要性。我需要澄清一下，对于敏捷开发，需要在整个项目过程，甚至在商业论证之前进行计划。计划应该贯穿整个项目，它应该从高层次的计划到更详细的计划，例如，为项目的下一阶段做计划。

我在指导年轻的项目专业人员[或者被称为绝地学徒，如果你熟悉《星球大战》(*Star Wars*)]，通常会有以下对话。

学徒：我需要做多少计划?

教练：建议做“刚刚好”的计划。

学徒：我怎么知道做多少才刚刚好?

教练：你应该问问自己，为什么要做计划?

学徒：但是你说需要时刻做计划。

教练：没错，但是通过计划、监控和报告了解在项目中需要实现的目标，不仅能告诉你需要做多少，还能告诉你如何去做。

学徒：我怎么知道？

教练：既要看项目内部，又要看组织环境。

要将敏捷开发应用于规划、监控和报告，可以问自己以下十个有用的问题：

- 如何计划能够实现尽早交付和频繁交付？
- 治理需要什么，即组织需要看到什么。是否有强制性的治理要求？
- 需要什么级别的计划来确定项目时间、成本、制约因素、所需技能、成本和评审点？
- 是否有专家可以帮助我进行计划评估或计划验证？
- 是否过去有类似的项目可以作为参考或验证？
- 项目质量保证需要什么，例如评审、展示或者测试？
- 对我、团队和项目干系人来说，需要的可视化程度如何？
- 交付过程中，会遇到有多大的风险？
- 项目干系人沟通有哪些需要？
- 如何做放手型领导？
- 如何看到交付趋势？

项目之外的关键因素是组织治理需要什么。关键且不变的是资金，但让我们看一些例子。

实例：全球矿业公司

该公司面临的挑战是引入全球项目、项目集和项目组合管理（P3M）框架。公司运营按属地原则，当地子公司对运营有相当大的自主权，且该企业对外来文化有强烈的抵制。兼顾的解决方案是制定一套组织所需的最佳标准，以满足董事会需求，同时保持自主权。解决方案是一个框架，它主要有两点：

- 必须执行 P3M 框架，按照具体内容执行，但是可以采用当地标准来执行。
- 还需要遵守一套简单的要求，向董事会报告项目组合的进展，项目内容、格式和时间保持一致。

核心是根据预算提交财务报告。虽然各个地区的负责人几乎没有时间精力设立项目管理办公室，但财务却不能置之不理。不提交财务报告，就没有资金支持。事实上，这份报告本质上是一个项目组合进展情况说明加上财务数据分析。

实例：能源技术研究所（ETI）

ETI 是全球能源工程公司与英国政府合作的公司，它是学术界、工业界和政府之间的一个合作渠道，以

促进低碳技术的发展。

在合作伙伴的资金支持下，它既有内部项目，也有外部项目。外部项目通过竞争性招标授予，通常交给该联营公司，联营公司是学术界和工业界的混合。为了避免微观管理的问题，外部项目治理的关键方面包括：

- 在投标过程中投标人具有技术和项目管理能力的资质，即能够有效地完成工作并进行管理。
- 合格的候选人可以使用任何项目保证方法，只要满足并符合最佳的 ETI 治理标准。
- ETI 的最佳治理标准主要集中在项目时间、成本、质量和风险标准的可视性。
- ETI 的治理标准反映在合同中，它是强制性的。
- 同样具有强制性的是定期证明项目保证的有效性。
- 合同允许仔细地检查（展示给我），并在需要时进行深入研究，否则就需要参考管理的例外原则。

换句话说，该联营公司的管理方式中实施了敏捷开发。这包括 ETI 项目经理对每个技术项目采用放手型领导，例如海上风能项目。

实例：投融资计划

项目是为客户成立一个线上投资中心。该项目战略目标是使其成为全欧洲的典范。该项目制定了非常详细的规划、成本、风险管理等，并随时更新，详细记录了实际情况，总结了教训。记录细节远远超过了项目保证本身所需。为全欧洲带来的风险降低和成本节约本也相当可观。

强制与灵活

很久以前的一个项目让我深感自豪，涉及的是公共部门项目组合。当时，无论项目规模大小以及时间长短，每个项目都必须按照同样的要求提交月度报告，无论是三个月的简单项目还是四年的长期项目，管理费用不多的小项目还是大项目。这令许多项目经理感到非常沮丧，更糟糕的是，撰写内容烦琐的报告分散了项目经理的注意力，无法集中在项目交付上，通常会导致交付出现问题。

在评审之后，我们认识到一种标准并不适合所有情况，决定做出一些改变。变更包括按照项目大小、范围、复杂性和风险标准把项目分为六个类别：

- 小型简单的项目，3~6 个月。
- 小型复杂项目，3~6 个月。
- 大型简单项目，6 个月以上。

- 大型复杂项目，6 个月以上。
- 项目集或小型项目组合。
- 变更类项目。

每个类别的项目都有简单但必需的规划和报告标准，反映了项目里程碑、风险和成本的频率和类型。项目集中必须包括项目干系人的反馈。

除了强制性内容，项目和项目集还使用 PRINCE2（成功的项目管理方法论）和 MSP 以及内部开发的模板，以保持内容一致性。同时，项目经理能够对这些标准进行调整，以适应项目或项目集的需要。

使用这种方法后，组织可以确保治理水平的一致性，同时不会给项目或组织带来负担。

注意：敏捷开发意味着考虑需要使用什么方法以及如何最好地使用它们。

例如，我知道在许多石油和天然气工程项目中，项目经理在商业论证中没有发挥任何作用，但仍然需要管理预算。

强制性可能是“刚刚好”的另一种说法，至少对一个组织来说的确是。

项目管理工具——如何做规划？

第 7 章将提供更详细的内容。现在首先思考以下 10 个问题：

- 有哪些可用的工具？
- 组织中的项目管理成熟度是多少？

- 是否应该使用简单、独立的工具，比如 Excel?
- 有哪些治理或合同问题决定了数据的使用和管理?
- 与谁使用和共享数据或向谁提供数据?
- 他们在组织之外吗? 如何影响项目管理工具的选择?
- 信息的可见程度如何? 是否可以改善?
- 如何确保数据的准确性，并随时更新?
- 是否有可供使用的数据?
- 如何从数据中吸取教训?

报告和沟通之间的关系

很多项目经理不喜欢写报告，但它也是一种沟通渠道。报告是项目经理给出观点或向上级传递特定信息的机会。

项目的沟通计划需要明确项目报告如何实现特定的沟通目标。毋庸置疑，使用一种技术方法来满足多个管理需求是显示项目敏捷的一个例子。

> 我曾在一家英国电信公司开发一个新服务。当时，我接手了一批优秀的项目和项目经理。项目经理们遇到的烦恼之一是报告的数量过多。需要汇报的信息并不多，但是有时不得不每月制作 5 份项目报告：类似的数据重复提交，只是提交格式不同，侧重点不同，甚至是在一个月的不同时间。汇报是为了满足的不同内部和外部（比如，客户）项目干系人的需求。
>
> 建立项目管理办公室时，与项目经理们达成一致。

> 他们同意每个月提供一组固定格式的完整数据给项目管理办公室。然后，项目管理办公室将这些数据汇报给不同的项目干系人。实行一段时间之后，项目管理办公室统一了标准内部报告和针对高管的项目进度仪表盘。大客户需要继续提供定制化的报告，而大多数小项目只需标准报告。

通常情况下，汇报反映了一个管理学原则：例外管理。例外管理体现了敏捷，其概念已经被引入几十年。

告诉我与展示给我

敏捷行为的重要特征是透明，也就是展示给我胜过口头告诉我。

这一点一直备受争议，因为敏捷开发需要相互建立信任，如果你信任某人能够成功交付，那么“展示给我看”是否有必要？对我来说，信任是两种方式，必须努力争取，也是合作的核心。这里有两个例子。

实例：能源技术研究所

> 能源技术研究所（上一节曾提到）由英国政府和几个行业资助成立。作为一个“创新型”机构，所有赞助方都对外部交付项目的运作和治理非常感兴趣。董事会尤其需要了解运营模式的大量细节，而不仅仅

是一个项目进度仪表盘。董事会成员被邀请现场考察项目进展情况。六个月后，考察开始了实施例外管理，偶尔对特定部门进行深入调查，通常是由对其中某个重点项目，如海上风能项目。

通过这种方式，大家赢得了信任。

实例：英国工作和养老金部（the Department of Work and Pensions）大型政府系统项目

当时，这是英国政府排名前20项目之一。核心能力是至少分三个阶段交付的信息系统。在第一阶段，供应商对信息的确认和公开是严格执行的：月报，周报，定期电话汇报。大多数红黄绿报告（RAG statuses）为绿色或黄色，并报告了补救措施。

开发使用了瀑布式生命周期。英国工作和养老金部主题专家和内部商务分析师在需求制定和设计期间与供应商团队通力合作。甚至用户组也会与供应商的定期沟通，并在页面设计和布局方面进行咨询。随着用户验收测试（UAT）的临近，双方都信心满满。

然而，就在用户验收测试即将开始的前两周，一份报告姗姗来迟。恰好那天召开常规测试月度会议，供应商的客户总监与项目经理一起报告说，用户验收测试将大约推迟一个月。最后，我该怎么办呢？与客户和项目经理深入地交谈之后，我发现很明显，近六

个月的报告对项目的进展中的问题是避重就轻、轻描淡写，也就是不准确的。

事已至此，损失无法挽回，我们不得不审查和修改合同。基于“告诉我”的治理方法出局了，“展示给我”的方法登场了。从第二阶段，从需求制定开始，就要求提交项目实际进展。此外，英国工作和养老金部部署了信息技术团队与供应商团队一起工作，以严密监控。我现在回想起来，当时的英国工作和养老金部主题专家和用户参与细节设计会议和审查时，采用了 Scrum 的敏捷方法。

频繁的审查加上与客户更多接触，使得问题很快得到解决。三个月后，证明了红黄绿报告全部为绿色，英国工作和养老金部派出的团队被撤回，取而代之的是每周的定期访问。

重要提示 | 敏捷建立在信任的基础上，但信任必须是相互的。

风险管理及问题解决

项目管理就是增加项目成功的机会。换句话说，项目管理就是降低风险。

你可能认为这很“务虚”。其实我不是只提供一个简单的解决方案，也不是建议你只管理风险。制定规划很重要，再加上领导力，以及项目管理工具箱中的其他工具。但请注意，《敏

捷宣言》中并没有提到风险。

虽然没有提到快速试错，但如果你读过敏捷开发方面的资料，会发现快速试错几乎无处不在。事实上，风险和失败是紧密联系在一起的，如同自然博物学家、探险家和旅行家大卫·爱登堡爵士密切关注气候一样。敏捷开发应用于项目是为了寻求尽可能快地摆脱风险，即快速试错。在实践中，这意味着首先选择风险最大的事情去做。这样做有两个好处：第一，如果项目进展越早脱离正轨，回到正轨的成本就越低；第二，最困难的事情解决之后，其他的事情就相对容易。也不保证都是如此，我们谈论的毕竟是项目。

我曾和大卫·希尔森博士（Dr. David Hilson，他被称为“风险医生”）讨论了风险和敏捷的关系。内容如下：

→

阿德里安：敏捷开发中快速试错的想法表明应该先做风险最大的事情。你怎么看呢？

希尔森：非常好，但是你怎么知道风险最大的事情是什么呢？

阿德里安：嗯，在敏捷开发管理里，有一些人认为你不需要在项目开始时做风险分析，风险可以在项目的各个阶段进行管理——特别是迭代的生命周期。

希尔森：重要的是减少不确定性，这应该尽早开始。很明显，最初的风险分析是需要的，否则你可能会错过在项目早期就可以减少的关键风险。

阿德里安：在风险管理中，敏捷开发还有其他特征吗？

希尔森：我不确定尽早解决风险是否敏捷。但在如何分析风险、减轻风险和报告风险方面，灵活处理是一个很好的做法。

一些项目专业人员也认识到风险、问题和重大问题（有时也被称作是障碍）。其中的问题是小事情，不需要全面的问题管理，这真的是相当敏捷。例如，核心的成员因为孩子生病请了几天病假，因为没有其他人可以照顾孩子，居家工作是快速有效的解决方案，这个问题就迅速得到解决。但是，如果在关键时刻失去一个核心团队成员会对项目产生重大影响——这就是一个大问题。

注意：以下内容既适用于风险，也适用于问题。需要说明的是，我很赞同英国项目经理协会对风险和问题的定义。为了简单起见，我们把风险想象成可能发生并会产生影响的事情，而问题是已经发生并迟早会产生影响的事情。也就是说，问题是已经发生的风险。

当涉及将敏捷开发应用于风险、问题和重大问题管理时，所有常用的风险评估技术都是可用和有效的，这里不再赘述。我想说明的是敏捷思维和行为如何应用于风险和问题管理。

敏捷开发如何降低项目风险

项目管理是为了最大限度地提高项目成功的机会。或者，换句话说，就是把失败的风险降到最低。让我们重新审视敏捷开发是如何做到的。

在组织层面，敏捷开发可以确保来自高层的清晰愿景和领导力。并通过提供资源等方式提供更顺畅的项目过程。

在项目内部，敏捷开发可以促进可见性和沟通，从而减少误解的产生并有助于协作。这本身促成了有创造力的、高绩效的和自组织的团队。快速、频繁地交付成果可以增强价值的实现。

敏捷开发和识别风险和问题

风险和问题可能出现在项目的任何环节，可能会使识别和分析过程令人灰心。风险可能来自：

- 破坏性事件的发生；
- 某人或某个群体（项目干系人）；
- 需求或满足需求的最佳方式的不确定性；
- 复杂的或错综复杂的情况——详见后文的讨论；
- 错失机会的风险；
- 无法完成项目的风险（通常在写商业论证时有用）。

美国项目管理协会还提出了事件风险（event risk）和非事件风险（non-event risk）的分类方法。还有突发性风险（emergent risk），也就是不明来源的突发风险。在最糟糕的情况下，风险可能会印证美国国防部前部长唐纳德·拉姆斯菲尔德（Donald Rumsfeld）著名的观点：已知的未知和未知的未知。对我来说，敏捷开发体现项目团队尤其是团队领导对突发风险做出反应、应对干扰和变更的能力。

需要进行多少风险和问题分析？

与项目干系人管理一样，风险和问题分析是另一个令人感到困惑的领域。

举两个截然不同的例子。

第一个例子是：一个地方机构在建筑物屋顶上安装太阳能

光伏板，作为绿色能源和成本节约战略政策的一部分。它已决定对该项目采取敏捷方法。招标后，合作伙伴也对该项目采用敏捷方法。双方都致力于合作，并写入合同。

该项目选择风险分析法，把风险简单地划分为三个等级（低、中、高），结合风险概率和风险影响计算出风险评分。该机构的项目管理办公室和供应商合作伙伴都认同该风险管理方法。

第二个例子是：核电站停用方案（实际上是一个项目组合）。在这里，敏捷开发不是用于整个项目组合，而是用于一些研究项目，这些项目是研究应对一些技术挑战的最佳方法。之所以决定采用敏捷开发方法，是因为一家参与的公司已经在其他核工程项目中成功地使用敏捷开发方法来提升创造力解决问题。

然而，考虑到核电的行业特殊性，已经有专业的核风险管理团队，其人员从事各种技术领域。敏捷开发被用来确保他们能够相互交流。在复杂风险管理方面的投资将是相当可观，也不可避免。在这种情况下，风险管理只需做到“刚刚好”。

你可能会考虑的一些问题是：

- 项目对公司以下方面的重要性如何
  - ★ 客户；
  - ★ 产品、服务；
  - ★ 操作；
- 财务影响（成本或收入）；
- 声誉；
  - ★ 还是人？
- 如果出现严重问题，人们的身体会受到严重影响吗？
- 如果出现严重问题，人们的心理会受到严重伤害吗？

- 如果出现严重问题，对公众的影响是什么？

如果对以上问题的答案是“不大”，那么适用于类似于上面例一的一套简单的标准。然而，如果更像例二中的核项目，那么可能需要各类的风险专家。

> 我曾是英国项目管理协会评审员，专门评审注册项目经理。有一次面试申请人，与她谈到管理风险的方法。她描述了自己所从事的领域，非常深奥，该领域需要多位风险专家组成团队。想到自己大部分项目，简单地使用项目影响、项目概率和 1–2–3 级的项目风险分级管理，我有点难以理解。

风险和问题的敏捷开发管理

使用什么工具来管理风险和问题？

在风险管理方面，只需做到“刚刚好”是指不要做得超过需要，而要以最合适的方式去管理。

在管理风险和问题方面，需要采取行动。在风险和问题列表中记录、追踪和更新这些行动。因此，通常在项目计划中不需要重复风险管理。但令人惊讶的是，降低风险和解决问题的措施经常重复出现。

重要提示 | 谨记不要重复管理。

除非由于降低风险的措施的规模、范围或复杂性无法在列表中进行记录和追踪。然后，敏捷开发会建议在风险和问题日志中通过简单的交叉引用将其转化为项目规划的结果。

实例：航空座椅靠背视频装置项目集

该项目集旨在为该航空公司采购并安装一个顶级的座椅靠背娱乐系统。经评估，所选供应商的系统最终可能不被通过。降低风险的措施是选择一个候补供应商，并制订一个候补计划。这显然是一项重大的应急行动，非常不适合通过风险列表进行管理，因为可以在风险列表和总项目集规划对项目风险管理交叉引用。

风险管理进行一次即可。

重点关注哪些风险和问题?

重点关注分数级别高的重要风险和问题。对于风险，综合考虑风险概率和影响。对于重大问题，则综合考虑风险影响和紧迫性。

紧迫性与重要性

注意：另一个小技巧是区分紧迫性和重要性。例如，我正在整理一份重要的商业论证，但是需要提交给领导的报告非常紧急，务必今天完成。这两件事都需要做行动决策。当然，商业论证的重要性，会随着报告最后期限的临近而发生变化。

哪些风险或问题需要报告?

敏捷开发采用例外管理原则，只报告项目组织（包括高级项目管理干系人）需要的内容。敏捷开发要求在项目中提前列出风险补救行动和措施，越详细越好。

并不是所有风险都有可行的补救措施。即使在有授权的敏捷自组织团队，有时也需要向上级汇报。项目一旦开始，在组织治理和关键的项目干系人中，确定快速向上级汇报的路径。例如，遇到紧急变更请求或面对突发风险（不可预见的，突然出现的），还要等待下个月的项目董事会会议做决定，显然都不是敏捷开发。

风险和问题报告也是如此。考虑要报告哪些风险时，默认报告风险级别高的，这也是一种向上级汇报。另外，我建议考虑以下需要向上级汇报的情况：

- 高级管理人员需要知道的风险，并且项目组已经采取了补救措施。

  例如：关键设备因故障导致延迟，可能会推迟产品发布日期。该团队已经在预算范围内采购了替代设备，并根据新设备重新规划。

- 高级管理层需要根据风险采取行动。

  例如：关键设备因故障导致延迟，可能会推迟产品发布日期。该团队已经采购了替代品，但是采购渠道是未经授权的供应商。采购部门已经通过了对供应商的基本调查，并确认这是保证正常进度的唯一方法。采购部门正在向项目负责人申请批准采购。

解决问题

前面提到过复杂（complicated）和错综复杂（complex），它与敏捷密切相关。

问题的解决很少有一帆风顺的，有时是我们自己让生活变得艰难。对我来说，解决问题往往有多种正确的方法。当然，也有错误的。诀窍在于找到正确的方法，避免错误。

里克·内森（Nick Nason）在其著作《这并不复杂》（*It's Not Complicated*）中，称自己并没有找到解决问题的灵丹妙药。但他提出了找到正确解决方法的出发点，也就是避免走上错误的道路。

他认为问题可以用复杂或者错综复杂来描述。这让我想到了停止使用的废弃核电站，也想到了有些损失是无法挽回的。

复杂的问题（complicated problem）一般都是技术性的、机械性的，都有既定的规则、程序和结构，就像核电站。或者是希思罗机场和盖特威克机场上空航班的飞行路线和等待模式。新冠疫情之前，每天有许多航班和数百架飞机，天空中似乎一片混乱，但飞行路线高度结构化和空中交通管制严格管控。就像一场复杂的，但又具备抽象美的空中芭蕾。如果你有机会，可以在油管（YouTube）上搜索英国空中交通管制（NATS）发布的英国上空 24 小时飞行的视频。

错综复杂的问题（complex problem）则无法进行高度结构化的分析，也无法用一组可重复的步骤或指令来定义。这些问题通常是人为造成的，即行为上的。它们就像是打翻的牛奶，或者已经煮熟的米饭，已经无法挽回。试图解释人的行为，无论是在实际项目中，还是在更广泛的范围内，都要比火箭科学

研究困难得多。

为什么要分析这些呢？

定义一个问题的本质，将帮助你找到正确的方法，避免错误的发生。

复杂的问题往往能够采用高度结构化的方法来解决问题，比如因果分析（有时称为鱼骨分析）。对于非常复杂的、多方面的技术挑战，你可能会用到六西格玛（见附录）。注意，它不仅适用于核电站停用，还可以通过具体措施、结构化分析、步骤改进等来改善工艺流程、生产线等。

错综复杂的问题，也就是人的问题，不适合使用高度结构化的问题解决方式。理解和管理项目中人的行为是非常困难的。这不仅仅关于行为，还包括人的感受，以及人与他人的关系，这些都可以并且经常会影响所做的事情以及效果。

过去，这些被认为是软技能。在 20 年前，项目管理最佳实践主要由硬技能、机械化技能组成，比如规划、风险管理、报告等。然而，固定模式通常导致失败。因为人们并不总是遵循计划行事，或按照统一标准操作，甚至安装宜家比利书柜也可能不按照说明书。所谓的软技能和管理行为被公认是最难提升的。

因此，拥有问题分析和解决问题技术工具箱是个好主意，旨在试图理解和管理人。

个人和团队对既定任务的完成表现是能直接评估的，但评估结果只告诉你最终结果，而不是原因。人为因素大多需要间接评估。

实例：居高不下的员工流动率

一家专业服务公司快速发展的同时，项目经理的离职率居高不下。这给公司带来许多问题，比如增加了聘用合同制员工的成本，并导致客户不满和合同丢失等，对公司声誉也造成了潜在的损害。

公司开始整顿检查。企业的其他问题，尤其是员工的高病假率，也显现出来。原本不被重视、流于形式的员工调查被重新设计，以获得关于工作环境的详细信息。此外，公司还启动了离职面谈。高辞职率的关键原因被归为：

- 缺乏积极参与的领导：项目经理觉得自己被孤立，没有人支持，只有在出了问题而且是问题严重的时候才会联系他们；
- 工资只与通货膨胀率保持同步，而合同制员工的工资水平明显高于市场水平；
- 高级管理层要求部分员工努力和加班工作，他们经常不得不加班，但对合同制员工却没有这些要求。

调查还意外发现，很多合同制项目经理也不再接手新项目。这是在公司主管与朋友共进午餐时才发现的，朋友的儿子曾做过合同制项目经理。

疾病和缺勤率暴露了许多问题，员工调查也是如此。经理们通过和员工交谈了解情况，这些都有助于分析问题。

处理人的因素也可以用非结构化和半结构化的方式。好的领导者会自然地与员工交流、深入了解，这是一种重要的非结构化方法。

我认为项目干系人管理和沟通是半结构化的，如第 5 章所述。

但如果问题既复杂又错综复杂呢？

实例：变更控制冠军

2012 年伦敦奥运会大型建设项目期间，坦率地讲，一个主要风险是变更。有许多大型供应商，数百个分包商和数千个变更。场馆必须按时完工，承包商在不断变更的情况下，拖延的风险非常高。

这既是一个过程（复杂）问题，也是一个行为（错综复杂）问题。这些都是通过合同中过程适应和行为操纵来解决的。从本质上讲，所有批准的变更（有数千项）都保证根据一套标准获得最低款项。如果供应商或者承包商觉得报酬过低，他们可以上诉。然而，上诉同时，工作将继续进行。这使工作得以顺利开展，而不会因为谈判而延误工期。

顺便说一句，这种方法表现出了卓越的敏捷开发。

重要提示 | **问题的本质可以决定解决问题的最佳方法。**

变更控制

将敏捷开发应用于项目管理时，变更控制更具挑战性。《敏捷软件开发宣言》指出：欣然面对客户需求变更，即使在项目开发后期也不例外。敏捷开发过程善于利用需求变更，帮助客户获得竞争优势。

许多人认为这意味着，无论何时都可以凭借喜好做出改变。对项目来说，坦率地说，这是非常荒谬的，因为项目必须实现目标，否则就会失败。变化可能会在过程中发生，但除非变更实现了或更好地提高了交付价值，否则这些变化是不可接受的。

其实，重点是在第一句话上——欣然面对客户需求变更。这让我想起了另一个说法：金钱是万恶之源。其实，它的正确说法是：对金钱的迷恋才是万恶之源。这两句话有着截然不同的内涵。

这两句话都为敏捷开发项目变更控制提供了指导。

《敏捷软件开发宣言》清楚地指出了，接受甚至欢迎变更以满足客户需求。

敏捷变更控制主要体现在以下几点：

- 有效的变更必须保持或增强项目价值。
- 变更应在项目的整体范围和成本之内，除非另有充分的理由。
- 需求变更都必须设置优先级。
- 变更控制过程尽可能简单。
- 变更控制过程尽可能快。
- 大多数变更在团队内部决定，尤其是由项目负责人决定，

几乎不需要向上汇报。

- 变更请求需要简单的准入标准；不能简单地是“我想要……”。
- 如果大量变更使资源偏离了价值交付，这表明该项目存在问题，需要启动项目审查。

在前面关于复杂和错综复杂的部分时，我列举了2012年伦敦奥运会的例子，有两个部分都用到了这个例子。瞧瞧，我是多么敏捷啊！下面列举另外两个敏捷变更控制的例子，第一个发生在非常敏捷的组织文化中。

实例：机场项目组合管理

机场项目的年度预算超过2亿英镑，按照项目组合进行管理。关于如何构建项目组合将在第8章敏捷项目组合中详细介绍。部门及其总监都对相关的项目负责，但大多数的项目是跨部门的。根据项目范围，项目会由一名部门总监或首席运营官（COO）负责。

虽然预算是分配给项目组合的，但每位总监都对项目成本和收益负责。首席运营官将责任和预算都授权给项目负责人，因此项目负责人有最终的变更决策权。

部门总监将变更权授予项目经理，除非变更会改变10%以上的项目时间、成本和质量，否则无需向上汇报。如果变更必须向上汇报，项目经理和部门总监

也会立即处理，因为他们在开放式办公室一起办公。

部门总监可以推迟，取消或变更项目组合中的子项目。只有在增加预算时，才必须在首席运营官和其他总监参加的周会上提出。项目管理办公室负责向项目经理、总监或首席运营官提供可行性分析。大多数项目干系人对变更的需求都是由项目经理完成的。

首席运营官致力于创建和维持的合作式文化氛围，员工之间、员工与领导之间关系良好，他们之间大量的非正式沟通总能让变更顺利落地。

下一个例子展示了在非协作的文化氛围中，项目如何调整变更控制以适应大量变更请求。

实例：零售业转型升级项目

该项目目标是把客户数据资料从各个分支机构转变为线上。营销项目负责提供客户关系管理（customer relationship management，CRM）信息，以支持升级，作为开展新业务的内容。同时也负责客户数据的使用，为客户发送电子邮件或纸质推广资料。

项目过程中，网站开发团队和项目经理迎来了挑战。客户关系管理模块进入用户测试，已完成信息页面等内容的签署。但是，无论是营销部门还是内部沟通，不断地有变更需求，不仅有内容上的变化，客户关系管理模块的设计也在不断变化。虽然大多数变更

请求最终都被拒绝了，但项目经理仍然要花 30% 的时间来处理变更请求，精力无法集中在价值交付上。

项目办公室作为组织的卓越中心（centre of excellence），与项目经理一起研究并调整了变更控制过程，包括：

- 建立变更请求的标准，必须包括合理的商业需求分析；
- 全面评估的变更请求，经过筛选，减少了大约 90% 的变更需求。

至关重要的是，项目经理和高级市场营销人员之间的沟通，以及内部沟通也使他们达成了共识。

重要提示

项目变更必须增加或至少保持项目交付价值。

商业论证和财务控制

没有什么比成功的商业论证和财务审批得更让项目经理感到温暖，也没有什么比商业论证的失败更像一把钢刀插在他们的心上了。

成功的、糟糕的和令人难堪的商业论证

成功的商业论证：投资理财项目。该项目是一个重大战略实施方案，项目预算已经在三年组织计划中获批。项目主要由项目发起人负责。在商业论证之前，该项目就得到了董事会和高级管理层的支持。商业论证的过程就像是一种技术演练，提出了更准确的预测数据和交付关键绩效指标。

糟糕的商业论证：某政府部门要求在一个 2400 万英镑的变更项目中，除了提交项目的商业案例，还要为 11 个变更项目提供详细的商业案例。其中 7 个项目属于启动项目，没有可直接衡量的效益。

令人尴尬的商业论证：一家工程公司进行了为期四年的组织转型。运营治理规则规定，作为业务计划的一部分，所有业务部门每年都必须提供预算请求，以说明预算的合理性。对于常规业务运营要求是合理的，但对于变更计划却多此一举。为期四年的项目不得不三次重复其商业论证，包括申请董事会级别的批准。这些工作的重要性不亚于项目阶段关口和阶段审查。实际上，项目经理每年有将近六周的时间偏离了他们的核心工作——价值交付。

敏捷开发建议保持尽可能简单的控制——只满足刚刚好的财务治理。

- 商业论证适用于一个计划或项目的生命周期，但需要审查；
- 资金价值评审应该并入其他适宜的评审中，例如阶段关口评审；

- 项目集中的项目要为结果限定成本，而不必单独进行商业论证；
- 项目集将成果与效益挂钩，并确定如何跟踪效益；
- 独立项目将成果与效益挂钩，并确定如何跟踪效益。

虽然这似乎是显而易见的，但令人惊讶的是，往往实际上没有做到，比如跟踪效益。或者添加了不必要的细节活动。

应该说，论证项目合理的活动并不总是通过商业论证来完成的。表 6-1 给出了一个指南。

表 6-1　需要和不需要商业论证的情况

项目组合	项目集	项目集中的项目	独立项目
商业战略计划（部分）	项目集论证	项目简介或 项目章程	商业论证
包括： ● 目标； ● 结果； ● 理由，如成本效益分析	包括： ● 目标； ● 结果； ● 理由，如成本效益分析	包括： ● 结果； ● 项目集情况	包括： ● 目标； ● 结果； ● 理由，如成本效益分析

商业论证过程

围绕商业论证过程往往遇到两个挑战，敏捷开发可以在这两方面提供帮助。

- 构建商业论证；

- 批准商业论证。

敏捷是指做得“刚刚好”，做得更快，更有智慧。围绕商业论证，敏捷开发有一些指导方针：

- 确认与商业论证与组织战略和商业计划的联系；
- 确定风险偏好、项目回报和项目范围；
- 将商业论证构建和审批视为一个小项目（有时也并非小项目，比如英国高铁 2 号线项目）；
- 商业论证不一定是个连续的过程：确定目标，获得反馈，完善目标，获得更多反馈。事实上，它是一个迭代的过程；
- 通过正确的途径来帮助制定目标、评估风险。

  例如：

  - 类似项目的经验和预估；
  - 金融专家；
  - 财务。
- 初步的项目干系人分析，找出哪些人可以帮助审查部分或者全部商业论证，以及你应该避开哪些人。
- 对于一个大型复杂的项目或项目集，举办研讨会共同构建商业论证可以节省时间并建立支持。
- 构建商业论证的过程也应该是商业论证被批准的起点，获得项目干系人的支持。保持适当的可见性和参与度，以确保你了解完整的项目周期、成本、收益以及如何衡量成功。
- 确保有预算，并争取为项目提供资金。

商业论证中的风险偏好

梅雷迪思·兰德里（Meredith Landry）在 2013 年发表文章《项目风险与回报》（*Risk and reward*）中讨论了风险的潜在好处，以及如何通过组织来管理风险。考虑到大多数项目都是关于变化的，测试发起组织对风险的偏好是应该考虑的敏捷的一个例子。项目确实寻求最小的不确定性，但它们也可以抓住机会，例如获得竞争优势。

一些可以表明风险偏好的因素可以在表 6-2 中看到。

表 6-2　评估风险偏好

优点	缺点
不做项目的风险 ● 错过机会； ● 收入； ● 市场份额； ● 损害竞争力；	做项目的风险 ● 失败造成的损失； ● 声誉风险； ● 申请资源被拒绝，输给其他项目；
我们敢等等再做吗？	现在是合适的时机吗？
项目期间接受变更带来的风险；	在项目过程中规避风险；
●增加收益的潜力	●成本和时间更加确定

商业论证的批准

商业论证的批准是组织治理的一部分，通常会涉及重要的项目干系人管理。

⟶

● 确认项目审批流程以及谁有实质的签字权。

注意：通常的项目审批都需要若干个正式的签字仪式。

- 对项目干系人进行分析，找出获得他们支持的最佳方式。
- 注意：有签字权的高层管理者通常都很忙，很难抽出时间，因此：

  弄清楚他们经常听从哪些人的建议，以及如何获得这些人的支持，并和他们一起来施加影响。

  找出项目审批流程过程中，需要哪些人签字：

  - 正式：需要审查部分商业论证内容并签字的项目干系人，例如财务；
  - 非正式：需要审查案件的部分内容并“表示同意”的项目干系人。通常他们无法阻止商业论证，但如果不与他们沟通，他们可以拖延商业论证的时间，削弱高管对项目的“重视度”。
- 规划商业论证审批结果和任务，包括项目干系人管理。

  注意：对于反对者，需要采取某种方式防止他们对项目的阻挠。
- 如果商业论证需要现场批准，例如由项目发起人现场提交给董事会，请确保你知道董事们的偏好。但也请记住，这是一种类似推销的活动，不要太过夸张，比如像商业投资真人秀节目“龙穴”(Dragon’s Den)。
- 确保全程可见，这有助于建立信任。
- 确保批准计划不仅包括获得预算批准，还包括资金支出授权。

批准与授权

大多数组织中，项目的预算批准和财务支出权是分离的，通常两者你都要有。即使商业论证批准了，项目也预留了项目资金，也不意味着你可以在项目上随意支出。为此，你需要财权。

我见过许多遇到问题的项目。例如，当项目经理启动项目，开始招聘人员、确定承包商或采购设备时，人力资源和采购部门会询问资金来源，哪个成本中心？项目经理再去财务部，却被告知他们没有财权，他们必须申请，这无疑会造成拖延。

敏捷意味着明确组织如何工作，使项目铺平道路。此外，不要忘记估算完成商业论证所需的时间，无论是正式还是非正式。

- 谁需要审查商业论证的内容？
- 谁需要签署商业论证的内容？
- 正式的审批步骤有哪些？
- 需要什么样的基于项目成本的最终授权？
- 需要与哪些有影响力的人打交道？

预算审批

在开始建立商业论证之前，你就需要确保项目资金已经列入预算，尤其是项目集。已经预估项目资金？支持型组织中，预算是由战略和规划驱动。启动项目是为了实现战略和规划。

在非支持的组织中，项目发起人可能掌握预算，也可能不掌握。或者资金可能来自多个预算。敏捷开发方法建议，为了

避免浪费时间，明智的做法是确保有预留资金，或者至少有可用资金，以免浪费大量时间来创建项目或商业论证。

发起人应该在项目前，特别是项目集前积极主动的地方。

财务控制

项目管理中，财务管理有时是绊脚石，把项目搞得一团糟。在这方面，支持型组织会好很多，而非支持型的组织可能会延迟、阻挠甚至扼杀项目，甚至都不给尝试的机会！

表 6–3 对比了支持型组织和非支持型组织在财务控制方面的特征。

表 6-3　支持型与非支持型组织的财务控制的对比

支持型组织	非支持型组织
依据战略计划运营和创建项目	项目活动主要由组织的中层推动
商业财务计划既包括运营也包括项目活动	项目活动必须自筹预算
适应项目活动的治理	没有针对项目活动的治理
为不同规模和范围的项目和项目集制定不同的财务报告标准	一刀切的财务报告
项目发起人对商业论证负责，有时间和能力参与项目	可能没有项目发起人，或者项目发起人有责任但没有能力实施

回答以下问题可以帮助避免问题：

- 需要什么样的财务监督报告？
- 谁负责收集和提供实际成本数据？

- 你是否要求过实际成本数据？
- 你是否得到了实际成本数据？
- 如果成本来自外部，如何知道成本准确且最新？
  - ★ 成本可能被分配到错误的成本中心，甚至是错误的分类账。
  - ★ 小心有人把成本计在你的项目上。
  - ★ 针对项目集使用部分或临时使用的新资源，运营部门是否会向项目集索取费用？例如，设备使用或雇用商业分析师。这可能会引起争论。
- 项目集报告时间与财务报告时间相匹配？

资源管理

第 5 章探讨了资源管理的人员要素。这一节更侧重过程要素，敏捷开发过程在于识别挑战，并能应对挑战。表 6–4 列举了常见挑战和可能的解决方案。

表 6-4　资源管理

挑战	描述	可能的解决方案
预测项目所需资源	资源规划	● 组织规划中不可或缺的组成部分； ● 确定角色和技能； ● 确定技能水平和生产力； ● 确定最低技能水平
资金	确认可用资金来源，其中资本支出和运营支出的占比要达到多少才可以影响承包商的选择？	● 确认预算来源； ● 为获取资源可用的资金使用级别； ● 资本支出或运营支出——可能影响选择； 承包商

续表

挑战	描述	可能的解决方案
采购人	资源选择和渠道；从内部和外部发掘所需资源和潜在内部和外部资源相匹配评估可供选择的资源	● 采购招聘及供应商； ● 确定资源选择（内部或外部）； ● 所需资源和潜在资源相匹配； ● 匹配现有资源资金
招募足够多的人	有能力获得持续的合适资源，并有合适的能力	● 支持性的还是非支持性的组织 ● 与直属部门经理建立关系 ● 谈判 ● 相互支持的可能性 ● 寻求项目发起人的支持
找到合适的人员	获得足够有适宜能力和行为特征的人	● 适当的能力水平 ● 合适的行为特征 ● 来自内部还是外部 ● 外部人员融入团队文化
留住员工	保持员工对项目兴趣	● 保持个人和团队的士气 ● 个人需求和项目需求能协调一致吗 ● 未来的发展
新员工培训	参见自我模式部分	● 新员工成为团队一员 ● 帮他们尽快适应新环境 ● 确保他们有任务、设备，登录公司系统
继任者计划	确保如果关键员工离开，继任者可以填补空缺	● 识别直接影响公司效益的员工 ● 替代人员的应急方案 ● 其他人是否能介入
管理绩效	不仅是监督人们在岗位上表现如何，还包括行为方面	● 监控产出 ● 他们感觉如何 ● 在团队里，他们做得怎么样 ● 解决工作绩效中产生的问题

续表

挑战	描述	可能的解决方案
人才培养	帮助个人和团队提升能力	• 个人发展与公司发展规划相结合 • 在项目中获得成长 • 培训和外部关注 • 愿意让他们离开

从以上表格，可以看出本书反复强调的一个主题就是整合——包括项目内部和项目外部。资源依赖一个经过整合的规划，依赖团队组成和动态，依赖财务，依赖组织链接，如财务、直线经理、人力资源和采购以及第三方的管理。

敏捷开发来自整合这些要素的能力。

第三方管理和敏捷开发合同

与第三方合作在项目和组织层面都增加了项目运作的复杂性。一个项目可能有外部人员参与或者有客户。他们有各自的目标，并带着自己的文化——行为和工作方式。组织一般会签订与客户和供应商签订合同，至少会有客户法务和财务团队参与项目。

在本节中，我重点关注供应商关系中的第三方，而不是客户，原因有二。首先，第 5 章的项目干系人管理和沟通部分已经包含了与客户互动的各个方面。其次，本节中客户与供应商的讨论可以从客户和供应商两个角度分析。这里我将从客户的角度来分析。

敏捷开发可以通过以下两种方式应用于第三方管理：

- 用于采购和与第三方签订合同；
- 与第三方合作。

注意：协作是敏捷开发的核心。如果不能与第三方展开协作，就无法与他们建立基于敏捷开发的合同、工作方法和行为。

采购

优秀的项目顾问掌握一项关键技能，能够迅速发现并理解组织如何运作——记住组织文化冰山理论。这些技能通常包括：

- 谁是关键的项目干系人、审批人和影响者；
- 治理过程——实际使用的过程，是否因业务而异；
- 财务制度、过程和联系方式；
- 正在使用的项目标准；
- 项目管理办公室；
- 资源和联系人；
- 采购方法和联系人。

内部项目经理至少知道其中一些信息。但如果项目涉及他们不熟悉的部分，那么他们也需要快速学习。

无论是内部、合同还是顾问项目角色，采购的主要目标都是经济性（value for money），这也是敏捷开发的核心。经济性并不意味着简单地选择最便宜的，如果较低的报价掩盖了未来代价高昂的变更，结果往往不符合预期。任何投标都必须能够

确定经济性的标准和一套符合目的的要求。

重要提示 | **项目采购的主要目标是经济性。**

一般来说，采购选项包括：

- 向外部组织招标，以交付项目；
- 符合要求的供应商交付部分项目或提供专家资源；
- 个人承包商。

与本书的方法一样，我不打算描述招标过程。本书提供关于灵活性和适应性的技巧和指导——这些是敏捷开发的标志。

项目招标的十项指导原则：

- 明确项目结果和范围预期，以及时间期限等限制。
- 明确投标预期结果；明确选择标准，例如技术、财务、治理、资源和工作方式。
- 明确对工作方式的期望。
- 明确正在寻找的合作伙伴的类型，例如协作方式。
- 清楚所能激发的团队能力，以及是否能证明团队能力。
- 明确不想从招标对象那里得到什么。
- 查看相关的业绩记录。
- 寻找工作行为的记录，例如协作行为。
- 能否证明自己具备所需的能力？

同样，这些可能听起来很显而易见，但事实经常并非如此。敏捷开发意味着有一个整体方法。

实例：融资租赁合作伙伴的选择

由一家银行和科技公司组成的联营公司为融资租赁经纪人建立企业对企业网站。通过该网站，这些经纪人能够与客户一起确定要租赁的信息技术设备，进行公司审查，批准租赁合同并订购设备。

部门主管（项目发起人）和项目集经理在考虑各种选择后，决定组建一个由内部团队和电子商务发展合作伙伴组成的团队。制作了一份包含上述所有重要内容的标书。项目发起人和项目集经理对该项目集的运作方式、标准和工作方法了如指掌。最后，入围决赛的两家公司引起了注意，被要求展示自我推荐。

A公司是顶尖的技术咨询公司之一。他们的陈述非常专业，也证明了公司实力，只有一点除外。当涉及项目方式时，他们非常笃定他们的方法更适合客户。虽然两者有相似之处，但在行为上有很大不同。当受到质疑时，他们的回答是，实际上，他们的方法最佳。这时，项目负责人叫停了他们，感谢他们的工作，并让他们离开。

对比另一个例子，我们之前在规划、监控和控制部分讲过的能源技术研究所。

实例：能源技术研究所

虽然从未使用敏捷这个术语，但从一开始，能源技术研究所就清晰地表现出敏捷，无论其内部运营以及如何与外部组织和联盟合作。

大部分项目都是外部交付的，通过招标来选择。能源技术研究所的第三方管理策略采用的是例外管理：

→

- 使用能源技术研究所最佳治理标准，例如标准报告（数据和格式：RAG 成本分析、进度里程碑、风险或问题分析、信心水平和总体趋势）；
- 能源技术研究所深入分析的权利和能力；
- 根据“向我展示而不是告诉我”的原则，计划定期进度会议；
- 交付组织可以使用他们期望的项目保证，但作为招标的一部分，他们必须证明其能力；
- 以反映上述所有情况的合同时间表。例如，合同里程碑必须包括在计划中，并在向能源技术研究所提交的标准重点报告中显示。

鉴于合同形式，这是放手型领导的一个实例。

重要提示 | 如果不能适应组织，就不能被称为敏捷。

工作方式和合同

合同是与第三方合作的核心。与第三方签订合同是显而易见，但在合同签订之后，合同的作用就会发生很大的变化，这在很大程度上取决于客户和供应商之间的信任程度，以及项目进展。

遗憾的是，客户和供应商之间的对抗在很多领域仍然非常常见，比如建筑业。尽管这种情况正在改变，并且已经出现了一些值得注意的成功案例，例如伦敦希思罗机场的重建。该项目是更具合作性的方式，新型框架合同很大程度上允许行为变更。

招标不应仅仅是选择最低价的过程，因为最低价往往会导致代价高昂的变更。

为了实现敏捷开发，客户和供应商必须有一个共同的项目目标。项目的成功应该意味着双赢。客户组织必须清楚想从与供应商那里得到什么，包括项目结果、成本和工作方式。其中关键是合同类型选择及合同进度。

合同类型

前面我说过，采购和第三方管理，主要是为了获得经济性。其中关键是选择合适的合同类型。从表面上看，并不难选择，因为主要有三种合同类型：

工料合同：按约定的价格支付供应商的工时和材料。

总价合同：本质上是为既定的项目范围设定一个总价。

成本补偿合同：客户支付供应商实际发生的成本，再额外

支付一笔费用或利润。

有时，其中一些合同类型可能非常容易混淆。

总价合同：

- 固定总价合同（FFP）；
- 固定总价加激励合同（FPIP）；
- 固定总价与经济价格调整（FP-EPA）。

成本补偿合同：

- 成本加成本百分比（CPPC）；
- 成本加固定费用（CPFF）；
- 成本加激励费（CPIF）；
- 成本加奖励费（CPAF）。

工料合同是一种框架合同，适合于项目结果清楚固定和范围比较明确项目。我们在第 6 章中规划、监督和控制部分提到的政府信息技术项目就属于工料合同。政府信息技术项目是由软件公司负责的，不幸的是，他们糟糕的表现导致信任破裂，我们不得不修改框架合同的治理条款，增加了“亲自展示”的监督环节。

总价合同最适合可预测的结果，特别是在建筑行业中，例如在设计和建造项目中。在主要的政府合同中也有非常复杂的记录，关于一个项目是根据要求的变化还是澄清的争论会持续很长时间，且代价很高。

如果项目结果从开始非常不确定的情况下，如研究、可行性和概念验证项目，成本补偿合同是有效的。虽然面临未知成

本，但时间限制一些变量监测可以限制风险。

因此，敏捷开发对于合同类型的一些指导：

- 项目结果的风险、不确定性是多少？
- 对需求的影响而言，业务环境是否稳定？
- 是开发项目还是交付项目？
- 是不是项目交付的一部分，或者将成为项目交付的常规类型？
- 是否在框架合同下运作？
- 是不是一次性项目吗？
- 是短期项目，还是长期项目，还是项目集？
- 供应商是否知名？
- 供应商是否值得信赖、可靠？
- 供应商是否安全？

谁真正承担风险？

所有项目都有风险。与第三方签约交付成果通常是要将风险转移给供应商，当然要付出一定额外费用。

例子：建造房屋

著名的英国电视节目《宏大设计》(*Grand Designs*)展示了不同房屋交付方法的优缺点，从最少使用“外部交易”的自建到整体外包。理论上，自建房屋的风险完全由自建者承担，整体外包的风险完全由合同签约方承

> 担——为此他们得到额外费用。这中间的各种情况，风险责任变得不明晰。主承包商可以承包管理任何分包商，因此实际上承担了整个建设的风险。如果客户自己承担一些工作，再承包个别业务，例如管道和供暖、电气、地板等，风险承担有可能就不明晰。
>
> 如果出现问题，而原因不易暴露，从而无法轻易确定风险责任，该怎么办？在这种情况下，尽管他们付出成本和代价，但最终还是会承担风险。

但是，风险能从客户身上转移吗？看看公共项目，比如之前描述的消防项目，尽管合同会将责任归于第三方，但数亿美元风险的最终由英国纳税人承担。

如果你打算让第三方承担风险，并为此支付酬金，那就确保其可行性，而且是必须是强制的。

重要提示 | **合同必须明确风险责任。**

通过敏捷开发来降低第三方风险是可能的，例如在 2012 年伦敦奥运会建设期间，变更控制的操作方式。概括地讲，如果变更得到批准，就会保证最低价格；变更被纳入工作，工作持续进行，没有中断。供应商可以对付款提出上诉，上诉在工作进行的同时进行，不允许停工。

我相信，所有 2012 年伦敦奥运会供应商运营的框架合同都把这种工作方式作为合同的时间表。

此外，合同在帮助供应商项目团队专注于价值交付方面也起了非常重要的作用。

例子：英国电信专业服务组织

我们期望在整个团队中建立一种心态，即只有向客户提供价值时，价值才会显现。我们卖的不是数字盒子、电缆这类东西，而是服务能力——客户从中获得价值。当时我不知道敏捷开发这一术语，但这其实就是敏捷开发。

在制订计划时，项目和项目集经理期望合同付款时间点作为主要项目里程碑。

此外，大多数项目集总监都是因其丰富的商业和交付经验而入选的。对大客户来说，项目总监是一个从预售到运营，与客户全过程接触的角色。

我们进一步指导项目和项目集经理去发现机会和向客户提供我们可以提供的价值。这需要时间来改变，因为对一些人来说，低价中标然后进行代价高昂的变更是一个很难打破的习惯。

在公司内部，有提高专业服务集团的形象和声誉的额外好处。专业服务集团向董事会提交一份月度报告。其中，项目仪表板的部分是部门月收入，它显示了对公司的价值，当然是来自专业服务团队的价值。在此之前，只有销售团队制作收入报告。现在，董事会可以知道可计收入和实际收入。

质量管理

全面质量管理（TQM）于 20 世纪 80 年代末和 90 年代初在英国商业中兴起。虽然有多种定义，但用一个词可以简单概括：适目的性（*Fitness for purpose*）

全面质量管理有两个核心思想：

- 打造符合目标的产品。
- 持续改进。

虽然全面质量管理已经被 ISO9000 质量标准、精益和六西格玛所取代，但它仍然有价值，也是这些方法的思想源头。（图 6–1）

在第 2 章中，我提出精益非常适用于持续、常规的业务流程，而敏捷开发非常适合有始有终的或一次性活动，即项目。全面质量管理的两个理念显然也与敏捷开发相一致：第一，"刚刚好"；第二，继续学习和进步。

图 6–1　土星 5 号火箭

“优质”对于非专业人士，概念是模糊的。有时甚至非常有误导性，就像在市场营销中，“物美”和“价廉”总是捆绑在一起的。

制造商有必要建造比实际需要更好的组件吗？只要刚刚好就行。

将敏捷开发应用到项目的质量管理中意味着：

- 产出和结果质量。
- 满足规定的需求：
  - 针对要求范围；交付质量足够好吗？
  - 做了该做的事吗？
- 没有做到最好，但已经是刚刚好。
- 结果是可用的、可支持的和可持续的。
- 交付质量：
  - 我们的工作做得怎么样？
  - 使用了哪些产品评论、项目阶段关口、决策点等？
  - 它们是否有效？
  - 我们能学到什么？

适应性质量管理

没有必要详细描述各种质量管理方法，例如产品评审、项目阶段关口和项目评审。许多组织都有强制性的质量管理标准和指南。

当在项目和项目集中应用和适应各种生命周期时，敏捷性就出现了。在这里，我将打破本书的撰写“规则”，深入研究

一个敏捷管理的项目集及其软件开发项目。通常，项目阶段关门过程是一个连续的生命周期。敏捷开发如何适应迭代的生命周期，比如在 Scrum 和具有多个阶段关口的项目集？（图 6–2）

图 6-2　阶段关口过程

例子：超市零售 PoS 机项目

项目方案中，除了配置和开发一些定制 PoS 软件的项目外，所有项目都有连续的生命周期。超市项目采用标准阶段关口流程。针对敏捷开发的调整将阶段关口修改为：

可行性（关口）→商业论证（关口）→采购（关口）→设计（关口）→开发（关口）推出

- 在硬件、软件和推广策略的整合解决方案全部协同之后，设计才能完成。
- 最后，在 14 个月的时间里，有三个开发阶段交错重叠。每 3 个月安排一次中期阶段关口，以第一阶段结束为主要关口，以决定第一个硬件和软件操作版本是否推出。

PoS 软件项目有三个阶段交错重叠运行，每个阶

段都有以下内部阶段门：

待办事项（关口）→开发（关口）→集成与发布测试（关口）→试运营（关口）

→

- 开发阶段长达 6 个月，包括每两周的 sprint：
  - 每两周的 sprint 评审和回顾；
  - 项目进度数据输入月报；
  - 按季度输入上述项目集中期阶段关口。
- 试运行结束时的阶段关口表明已做好推出准备。

该项目中的 Scrum 使用 Jira 工具（JIRA 是 Atlassian 公司出品的项目跟踪工具），采用标准治理和 sprint 数据。因此，很少需要额外的开销实施阶段关口保证或组织治理。

项目管理的质量

质量管理也是项目管理中一部分。大家口头上经常这么说，但审查，比如阶段关口审查，不应该只看已经取得的进展和下一阶段。还应该问，“我们到底管理得怎么样？”停下来、开始、继续可能是一种行之有效的方法。最基本的几个问题是：我们开始做什么？我们停下来做什么？我们继续做什么？

角色和职责

敏捷开发应用于项目、项目集和项目组合对角色和职责

的影响很小。所有的角色都保持不变。唯一新增的角色是敏捷（项目管理）教练。

改变的，或者说增加的，是行为责任：

- 敏捷领导意味着培养显得更加重要。领导需要高情商。
- 团队协作行为的保证。

但这并不意味着只需要有亲近感和同理心的领导。正如领导力部分所描述的那样，最突出的敏捷领导是能够根据项目、团队、个人甚至是实际情况调整领导风格。

在组织中，为了实现敏捷开发，角色和职责变化包括：

- 项目发起人把这个角色作为日常工作的一部分，为其安排时间，并评估表现。
- 事实上，所有高级管理者都应该参与项目，这是日常工作的一部分。
- 领导角色包括对人员和团队的指导。
- 直属经理应该负责提供资源，例如中小企业，但同时他们必须得到相应的支持，例如有充足的资源，使日常运营不会受影响。
- 所有运营部门经理都将逐渐发现参与项目是一项核心技能。

第 7 章

敏捷开发管理之管理工具和人工智能

CHAPTER 7

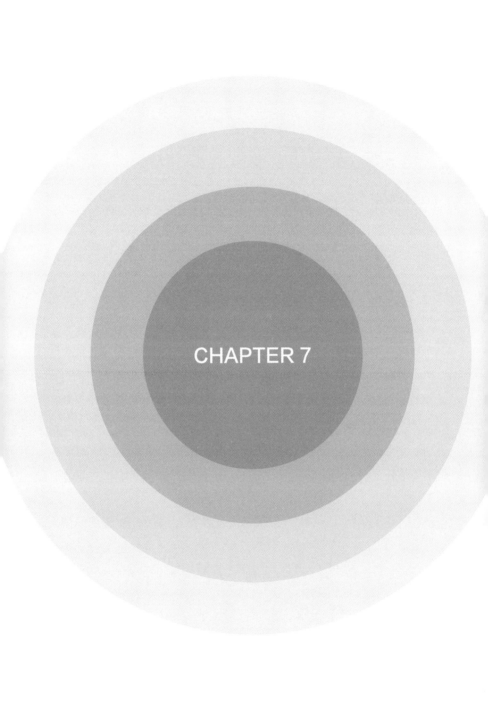

人工智能之旅

我家里有个叫多比（Dobby）的扫地机器人。把它设置为自动模式，它就开始扫描整个房间，然后会朝一个看似随机的方向移动。没一会儿，屋子就打扫完成了，它自己回到充电站！

智能扫地机器人是我非常喜欢的技术，因为它意味着我不必做我不喜欢的工作，让我有更多的时间做饭、做园艺、玩架子鼓，或者和我的伴侣聊天。

技术应该是项目敏捷性的最大、最强大的推动者之一：自动化信息收集、综合、分发、沟通，甚至催促人们完成项目任务。还记得第 5 章关于项目管理工具的词云（图 7–1）吗？

在过去的几年里，人工智能在项目领域得到了广泛的关注。毫无疑问，在我 30 年的职业生涯中，支持项目的技术已经取得了长足进步。我甚至还参与其中一些的设计。

20 世纪 90 年代初，我在英国电信工作时，有幸看到了萨福克郡伊普斯威奇附近的马尔瑟沙姆希思研究实验室的一些成果。其中一项研发技术就是我们今天所熟知的宽带。首先是通过铜质电话线，接下来是通过光纤电缆传输高速数据。

我还清楚地记得必须出差与客户面谈的项目经理，在酒店房间里使用 56kbps 拨号调制解调器提交项目报告，订购设备时，他们内心的沮丧。

图 7-1　支持项目管理的工具

21 世纪初，宽带的普及加上处理器性能呈指数级增长（摩尔定律）导致了 P3M（项目、项目集、项目组合）工具的爆炸式增长。这些工具过去曾经是、现在仍然是一把双刃剑。

现在好的软件工具层出不穷，从小型到企业级项目规划应用程序。这是好事，同时也是坏事，背后的原因是相同的：供选择的软件工具太多了。

挑花了眼——如何选择项目管理工具?

软件选择困难是一个很好的例子，说明了项目成功是如何依赖项目及其组织环境的。

- 是否应该有一款大家都使用的企业项目管理工具?

- 是否可以自己选择？

没有简单的答案，但我可以提供一些反应敏捷的建议，特别是在交付价值和做得刚刚好两个方面。

还记得第 6 章规划、监控和报告提出的 10 个问题吗？

→

- 有哪些可用的工具？
- 组织中的项目管理成熟度是多少？
- 应该使用简单、独立的工具，比如 Excel 还是企业工具？
- 有哪些治理或合同问题决定了数据的使用和管理？
- 与谁使用和共享数据或向谁提供数据？
- 他们在组织之外吗？是如何影响项目管理工具的选择？
- 信息的可见程度如何？是否可以改善？
- 如何确保数据的准确性，并随时更新？
- 是否有可供使用的数据？
- 如何从数据中吸取教训？

项目管理工具和成熟度

我曾多次采购和使用项目软件。早在 20 世纪 90 年代，我就设计过 P3M 工具。我总结的黄金法则是：在管理成熟度达到三级（Level three management maturity）之前，绝不要购买项目管理工具。第三级被称为“已定义级”，这意味着项目过程（模板、工作过程、决策点等）和行为都明确被定义了，且相当稳定。

关键原因是项目管理工具，尤其是企业级工具，需要配置工

作过程、决策点、接口和模板。这些要素越不成熟，就越需要反复配置，代价非常高。此外，如果企业的项目管理办公室不得不反复更改模板、报告，特别是管理仪表板，会显得非常愚蠢。

有两点需要特别注意。

首先，如果是一个全新的项目组织，从零开始建立的组织，可以直接使用最好的管理工具作为标准。

其次，如果是独立的项目，选择你喜欢的项目管理工具。

注意！ 正如本书中反复讨论的，许多组织并没有很好地整合项目。因此，即使有很好的工具和相当高的管理成熟度，这些工具很可能没有——也不能——整合到常规业务管理信息系统中，例如财务和资源信息系统。缺乏整合只会使组织和项目继续割裂。

单一工具还是多个工具？

长期以来，人们一直在追求完美的项目管理工具。许多非常优秀的工具确实声称能够提供它。

我会毫不含糊地说，并不存在完美的项目管理工具。事情本身要复杂得多。不幸的是，我认为从工具获得敏捷有两个关键的绊脚石：

- 项目和组织环境之间的关系（见第 2 章和第 4 章）；
- 可能存在许多不同类型的项目：与信息技术相关、非信息技术类，等等。

工具加强了管理过程自动化，意味着对项目数据的管理。

在项目中，主要有两类数据：

- 关于正在交付的产出或产品的信息，例如与需求、设计、测试、培训、用户产品相关的信息；
- 用于项目控制的管理信息，如规划、风险、项目干系人地图、预算和实际预算。

有时数据同时存在于这两个类别中，我们很容易混淆。在这里，我必须用一个软件产品开发的例子。我了解到至少有两家敏捷工程产品开发公司使用相同的方法。

例子：Wrangu GDPR 应用程序

Wrangu 是一家生产风险、安全和隐私管理软件的公司，客户是一些遵守 GDPR 的公司《通用数据保护法规》（*General Dada Protection Regulation*）。Wrangu 和客户都在使用 Jira 工具。Jira 能够规划、跟踪和发布项目进展，并立足于用户管理。这意味着它既是一个开发工具，也是一个管理工具。双方还都使用 Microsoft Project 来规划并据此向上报告。项目培训、计划实施和切换到现场运营等领域都使用 Microsoft Project 完成。软件开发仅限于 sprint 开始与结束里程碑。

两个组织匹配了相同的项目管理工具，最大限度地降低了项目控制开销。

我观察过一些组织成功地使用整合的 P3M 企业工具。几年

前，我们在 Cable & Wireless 就已经非常成熟了。

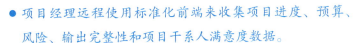

- 项目经理远程使用标准化前端来收集项目进度、预算、风险、输出完整性和项目干系人满意度数据。
- 将这些数据输入 P3M 工具，该工具生成了许多配置报告供内部和客户使用，其中包括高级管理仪表盘。如果需要，可以分析趋势并进行深入研究。也可以完成定制化分析和报告。

一些项目经理花了很长时间才放弃华而不实、费时且不智能的 Power Ponit 做报告。这种方法与敏捷背道而驰。

我还曾经观察到一家金融组织在企业 P3M 工具上花费了近 50 万英镑，但实际上这个工具更适合建筑行业，而且这家企业大概处于管理成熟度第 2 级（重复但不稳定的方法）。第一年运营的配置和支持费用为 10 万英镑。经济性不高，因此不敏捷。选择不合适的工具导致企业蒙受经济损失，这些经济损失本来可以挽回。

工具、报告和沟通

最后，项目管理工具不只是节省时间，还能起到重复信息的功能。请记住，报告和沟通是密切相关的。

正确的项目管理工具可以极大地帮助项目干系人了解项目进展或提示信息：

- 用他们感兴趣的数据撰写项目进度报告；

- 在电子邮件或短信中提示；
- 在内部社交媒体上发表和分享观点和更新。

当然，还有虚拟会议工具。在新冠疫情期间，我们大多数人可能对这些工具又爱又恨。

总之，请记住，工具就是工具。工具应该是为我们服务的。

重要提示 | 人的作用要大于过程和工具。

第 8 章

敏捷开发管理之项目集和项目组合

CHAPTER 8

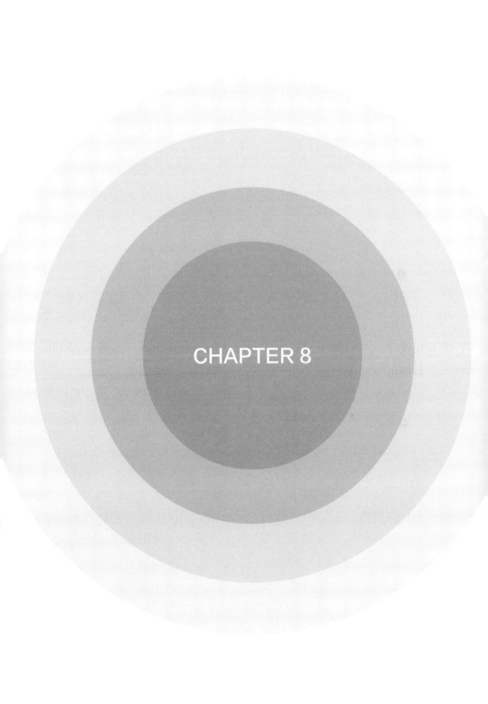

本节着重介绍敏捷应用与项目集和项目组合管理。主要探讨之前没有涉及或只简单涉及的内容。

敏捷开发与项目集管理

20 世纪 90 年代初开始，项目集管理的作用逐渐显著，它为多个项目撑起一把伞，使其能够健康发展。项目集既向外，从组织中寻求资金等；也向内，管理多个相关项目。但大多数情况下，项目集不应该专注向外，例如获取资源。这样才使项目能够专注于价值交付，健康发展。

注意：独立项目也可以对内和对外进行管理。在一些组织中，项目组合管理为这些独立的项目提供了一些伞形功能。

面向外部的项目集和组织

敏捷项目集经理在启动项目集时，首先面临的挑战是了解组织是支持型还是非支持型。如果是前者，获取资源，进行治理等是简单直接的，因为这些是项目和项目集运行的一部分。

如果项目是在非支持型组织中运行，那么几乎所有的事情都必须谈判，甚至是尽力争取。非支持型组织给项目带来很多风险，产生额外的参与、适应、谈判、变通、寻求帮助等。由此产生高额的管理费用，项目启动需要的时间更长，成本更高。

这些通常会把项目经理锻炼成为英雄人物。项目经理能够克服一切困难，找资源，找到变通办法或设法回避某个过程。虽然这能打造一个富有创造力、独当一面的敏捷开发经理，但它不是组织级敏捷。例如，利用个人关系为项目争取优秀的工程设计资源会有帮助，但也会影响事先已经安排的工程师。如果推迟的项目比项目经理的项目更紧迫或更有价值，那么项目经理并没有产生积极影响。

敏捷开发不应该只关乎个人，而应该关乎整个团队和组织。

重要提示 | 组织是支持型还是非支持型？

我曾在多个行业实施或补救过一些变更项目集，令我感到惊讶的是，组织中的人员往往不清楚组织的运作方式。而这对于项目交付是至关重要的。还记得组织文化冰山理论吗？与实际运营脱节的项目发起人和项目组合经理最终会为无法实现的项目进度表白白努力。

实例：纳米技术公司

纳米技术公司是一家生产和维修芯片制造设备的公司。故事可以追溯到几年前，当时全球芯片高度短缺。关键挑战是，如何快速地生产芯片制造设备，或者为大型超导体制造商维修设备。

如果说敏捷开发的核心思想是满足客户，那么这家公司离敏捷相去甚远。尽管产品制作精良，但客户总是抱怨交货晚。公司所有的工作都基于项目运作，

目的是更有效地管理生产量。项目分为生产新设备和老设备维护两大类。

公司销售人员的承诺与实际交付产品之间存在巨大差异，进而引发许多问题。调查发现一个关键因素，也是一个关键人物，专门为项目分配资源的资源经理。资源经理收到关键文件是产品交付计划和维修合同，即服务水平协议，其中规定了维修期限。实际上，这两项合同签订的内容往往不切实际，最重要的是，每个总监遇到客户的抱怨都会努力主张资源。

资源经理被迫频繁地在项目之间重新分配资源。项目经理在这方面没有发言权，只能调整自己的时间表，但是仍然不可能让客户满意。

补救办法并不简单，预售和合同签署过程中都需要更加诚信。虽然很难做到，但必须与资源经理一起，与客户协商合理的项目日期。

在一定程度上，可以建立新设备和老设备维护项目组合，并实施敏捷开发，项目组合由客户需求驱动。例如，通过加快老设备的维护，推迟该客户新设备的交付时间。

重要提示

必须了解组织的真正运作方式。

面向内部

第 3 章介绍了放手型领导和适应型领导风格。

项目发起人和项目经理如何协同工作，已经有了恰当的定义。但在实践中，我发现，项目经理倾向于指导和影响忙碌的项目发起人。其中包括找到他们发挥作用的方法，以及就其为项目投入时间进行谈判。这是面向内部吗？是的，因为重点是，项目发起人是项目团队的一部分，而不是在组织外监督。

无论关系如何解决，这两个角色都需要努力宣传项目愿景，并在项目团队中创造和保持工作热情。在日常工作中，项目经理的影响力通常比发起人更显著，后者可以在关键时刻增加更多的威慑力。

永远不要低估威慑力在项目中的作用。

从项目经理到项目集经理?

注意：广阔的视野。在过去，挑选项目经理的标准通常是，无论发生什么，能够持续专注于价值交付的人。在项目、项目集和项目组合中，任何领导角色的行为特征仍然是价值交付——以结果和价值为导向。然而，我在英国电信工程项目中发现，许多项目经理之所以不能成为项目集经理，是因为无论何种情况下，他们思想总是很狭隘。他们无法胜任项目经理所需要的直升机高度的广阔视野。更糟糕的是，他们不具备适应性。

重要提示 | 敏捷开发意味着适应的能力。

创建项目集

敏捷开发试图在项目集创建过程中引入某种特征，以寻求尽早和尽可能频繁地交付结果和价值。项目间的依赖关系和结果的复杂性可能会成为挑战，但也应该是项目集创建的目标。

就项目集的形式和结构而言，通常只有两种“给定条件”。首先，项目集由一系列相关的项目组成，所有这些项目都专注于提供特定的价值。这与英国项目管理协会或美国项目管理协会的定义大致相同。其次，项目集必须在组织标准范围内运行。治理通常是内部项目和项目集管理标准。

这意味着项目经理、发起人和团队需要并且可以自由地确定最合适的结构和调整标准。在这里，艺术和“科学”的结合为敏捷开发打开了大门。

实际上，项目集的交付结果会决定项目组成，例如超市零售项目，其中包括的项目有：

- 采购；
- 硬件配置；
- 软件配置；
- 推出。

这些项目的安排也有多种选择。先采购，然后并行硬件和软件配置，最后推出，合适吗？答案是否定的。采购后的情况

是这样的（图 8-1）。

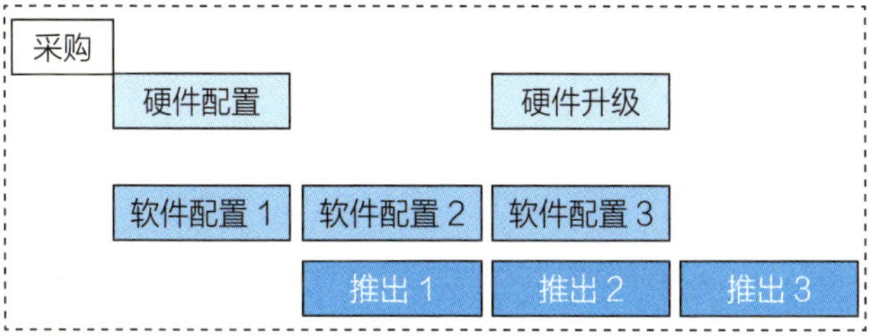

图 8-1　PoS 项目集的各个阶段

项目也有自己的结构，也可能会发生变更。软件配置阶段 1，在项目时间、成本和范围讨论和确定之后，并行工作的 Scrum 团队不得不从两个增加到三个。最后，决定将之前确定的功能范围与相关预算一起放到后面的阶段实施。这是根据市场部的变更要求做出的决定。项目和项目集经理做出了决定，并通知了项目发起人。

项目集交付

这一部分我会简单说明，因为在本章的前两部分敏捷开发人员管理和过程管理中都有叙述。

可以这么说，敏捷开发也可以跳出项目集或项目操作的空间，也许是专注于一个或多个特定的方面。你必须有信心，整体保证是顺利的。你有可能把注意力转移到别处。当然，只能在有限的时间内这样做。以下是一个多年前的例子，值得学习并被记住。

实例：英国电信电话日

第 6 章已经提到过英国电信电话日项目。项目的目的给英国的每个电话号码都加了一个数字，从而使可用的电话号码大幅增加——25 年过去了，该项目仍然是成功的。

上线前的最后三四个月，交付进展顺利。网络变更已经准备就绪，正在进行彻底的现场测试。通信渗透调查结果良好。整个项目集委员会意见并不完全一致，但这个项目集看起来就像一个调好了的引擎，或者是全速运转的切尔西足球队。

鉴于此，在过去的三四个月里，项目集的顶级团队每天都在问：会出什么问题？管理的重点转向了风险，尽管这并不是以牺牲项目保证为代价。只是，所有其他的工作都在有条不紊地进行，这给了高层团队足够的空间，以确保没有任何事情会阻止方案在 1995 年 8 月 16 日午夜准时交付，而且没有重大问题。

项目交付之后，还出现了一个小插曲，再次显示了良好的高级管理人员参与的好处。电话日的一个月后，团队举行了一次项目完结派对。英国电信的集团董事总监来了，发表了从领导者那里听到的最好、最令人愉快的讲话。他说：

“知道上个月我听到了关于电话日的什么消息吗？（停顿）……什么都没有……干得非常漂亮！”

敏捷开发和项目组合管理

项目组合管理的成熟度跨度很大。通常，低端包括项目集和项目的列表，以及一些进度跟踪和报告。高端的典型特征是受管理的投资组合，由业务规划优先级和预算驱动，包括项目仪表板和深度监测、报告和资源规划。再加上项目、项目集和项目组合管理框架和标准的保证和支持。

项目组合管理中的敏捷呼应了前面提出的一个观点。成功取决于项目内部发生了什么，或者在投资组合中，以及在组织环境发生了什么。因此，我将着眼于：

- 将敏捷开发应用于管理项目组合本身；
- 将敏捷开发应用于如何让项目组合、项目集和项目与组织交互。

组织敏捷性和项目组合管理

在第 2 章中，我阐述了项目经济的思想，提出了组织项目管理模型（Organizational Project Management Model）。前者反映了社会组织的日益项目化，甚至是运营的项目化，以及日常运营应该支持项目的需求。

项目组合管理接近于组织项目管理，并且像组织一样支持项目。

有些组织做得更好，项目组合或多或少会贯彻组织战略，这更接近于美国项目管理协会对组织项目管理定义。

与之相反的是由内部业务驱动的项目组合。有些人会说，

这是实际的敏捷性，业务定义了项目需要完成的交付价值。它反映了一线的情况，对客户需求做出回应，为当地的“客户”提供服务，符合敏捷的诸多特征。

这也可能会导致另一种糟糕的情况。几年前，我在一家手机公司发现的。当时他们刚刚完成了一次重大的战略调整。在查看公司的项目组合后，我发现了有 400 个信息技术项目集和项目。但是，公司战略中直接涉及的项目集却只有 12 个。在对项目组合进行审查后，我们将重复项目、不相关的项目删除，重点项目和其他一些项目合并后，22 个项目集和 171 个项目组成了新的项目组合——经过审计，所有这些项目都与公司战略有关。

业务部门被赋予项目的权限和预算，这是敏捷性的很好的开始。然而，构建项目组合的重点是保持组织价值。项目组合的构建应该是自上而下和自下而上并行的，不仅仅是为某个业务部门提供价值，或者是部门内的总监和副总裁。

重要提示

敏捷项目组合要为整个组织带来价值。

长期项目组合

2012 年美国项目管理协会发表《项目管理办公室面临的压力》的文章，文章指出项目管理办公室建立的最佳时长是两年。当时我觉得这是正确的。两年时间正好是项目、项目集和项目组合管理能力达到成熟度三级（Level 3 maturity）所需的时间——一切都步入正轨，良好效果开始呈现。

令人遗憾的是，两年时间恰好是出现“千年虫问题”的时候。“千年虫”是我对此类问题的称呼。下面是我在 2000 年 3 月一次会议上的简短对话，解释了什么是“千年虫问题”。

阿德里安：1999 年 12 月 31 日午夜，“千年虫问题”给你惹麻烦了吗？

IT 总监：谢天谢地，没有什么大问题。

阿德里安：那你一定很开心！

IT 总监：嗯，是的。但是首席财务官给我很大压力，让我解释所有的花销的合理性。当时，我们为什么要这么做？

阿德里安：嗯，如若不然，现在能有工作吗？

（短暂沉默）

IT 总监：没有。

阿德里安：嗯，如果首席财务官再问，告诉他，只有这样，他才能有工作。

曾有总监对我说，项目都进展得很顺利，不再需要项目管理办公室了。恰恰就是这个组织，已经经历了两个项目周期的项目组合管理和项目管理办公室的建立，达到能力成熟度三级，产出了良好的项目成果，然后开始放弃能力提升，眼看着项目业绩直线下降。这意味着什么呢？俗话说得好，被骗一次，其错在人；被骗两次，其错在己。

近 20 年来，关于工作的项目化有很多讨论，甚至是日常运营活动的项目化，也有大量事实。项目化运营通常与财务会计年度有关。许多项目周期都是一年，当然也有不同的情况。项目似乎不断快速地变化，需要项目集的伞形结构来实现。

支持长期的项目组合管理和相关的项目管理办公室的观点越来越多。听起来似曾相识吗？长期意味着运营，项目、项目集和项目组合管理是日常运营的一部分。组织内长期坚持组织级项目管理。

接下来，我们再看看组织外部的驱动因素，尤其是竞争。

所有这些都需要迅速反应、强适应性、灵活、以价值为中心的项目组合管理，即敏捷项目组合管理。

项目组合和商业规划周期

本节开始时，我提到创建自上而下和自下而上的项目组合。无论形式如何，项目组合必须由战略驱动。在创新或研发取得新突破的领域，项目关系比较松散，作用可能不明显。关于这一点，我要感谢大卫·汉考克，他在 2021 年 11 月的一次活动中提醒了我。

投资组合的创建和管理主要是由战略驱动的，是组织业务规划周期的一部分。考虑到大多数项目都是年度和跨年的，贯穿财政年度的项目和项目集应该是对预算、批准和管理的调整，如第 4 章所述。

结果可能是：

- 每年重复的运营活动，例如生产制造、营销或财务；
- 每年重复的基于项目的运营活动，例如区域的客户支持或信息技术运营（例如 DevOps）；
- 基于项目的变更活动在一年（短期项目）和跨年（长期项目和项目集）运行。

基于项目的活动可能更容易将权力授权给部分预算责任人，例如信息技术运营经理：这是信息技术部门的运行资金，请谨慎使用。我知道这看似简单，甚至草率，但它表明了敏捷开发可以应用于组织治理。

对于非敏捷组织，他们必须面对日常运营治理和变更治理之间的不协调。

创建敏捷开发项目组合

将敏捷开发引入项目组合管理意味着：

- 确保其清楚地将项目组合的启动与组织价值（战略）相一致；
- 使用尽可能是简单明确的标准；
- 确保项目组合的优先级，并定期重新评估；
- 确保项目组合启动可以有效地计算成本；
- 每个项目组合启动至少在高水平上评估以下内容：
  - 范围；
  - 风险（包括做和不做）；
  - 机会；
  - 可交付性；
- 根据商业需求，尽可能地让项目组合更简单。

注意：到目前为止，我提到的是项目组合的启动，而不是项目。这是根据经验和观察得出的，如果最初启动时，它可能转化为一个项目集或项目。项目组合创建早期有很大的灵活性。

多种方法可以对战略进行建模，并将其向上与愿景和使命联系起来，向下与战术层面联系起来，例如项目启动和具体项目。平衡计分卡（Balanced scorecard）就是其中一种；VMOST 模型（愿景、使命、目标、战略、战术）是另一种模型（图 8–2）。

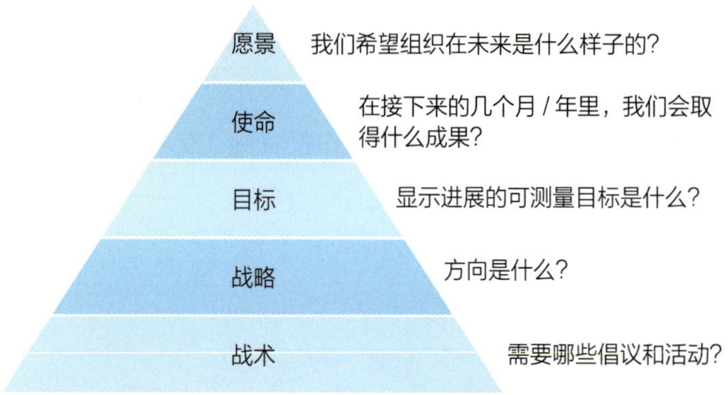

图 8-2　VMOST 模型

注意：VMOST 模型也可用于项目集和项目。

在准备本书的过程中，我查阅了多年前的一些资料，包括我写过或展示过的项目组合结构。有一件事非常触动我。其中一些材料可以追溯到 20 多年前，让我印象深刻的是，项目组合与 Scrum 敏捷软件开发中的待办事项列表（backlog）如此相似。范围可能有所不同，但从一组需求开始，对它们进行优先级排序，然后将批准交付的需求列为 sprint 列表，用于 Scrum 开发和项目组合。

使用 VMOST 模型，我们可以得到：

1. 愿景：提供未来的蓝图。

2. 使命：在特定的计划范围内（例如 12~18 个月），需要对组织或能力做出哪些改变？

3. 目标：测试我们是否完成任务的目标。

4. 战略：用来建立反映使命的组合的规则和标准。

5. 战术：评估的实施的主动性。

例如：机场建设项目组合

每年，该机场在基于项目的工作投资约 2 亿英镑。这里将重点关注战略和战术层面。

战略由五部分组成：

- 遵守法规；
- 收入机会；
- 降低成本；
- 改善服务；
- 稳定运营。

以上是评估项目是否纳入项目组合的关键标准。每个商业论证都需要提交简短的提案，包括以下：

- 满足标准；
- 与标准相一致的项目结果；
- 为结果设定可衡量的目标；
- 概述成本构成；
- 主要风险，包括不做的风险；
- 规划时间和范围；

- 可交付性声明。

虽然整个项目组合预算尚未确定，但已做了预估。事实上，首席运营官知道可用预算不超过 2000 万英镑。因此，项目组合可以在预期预算范围内创建。

下一步是确定每个项目的优先级。对五个标准都进行了加权，这样每一个项目都可以放在加权列表中，一些项目会出现相同的加权分数。我们的目标是利用 MoSCoW 模型创建最终的项目组合（图 8–3）。

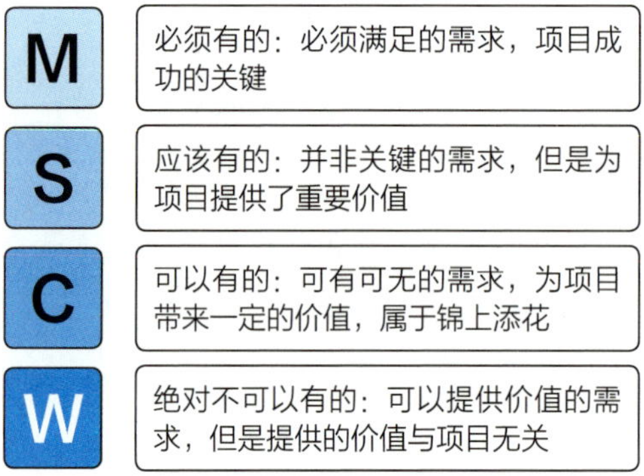

图 8-3　MoSCoW 优先级

下一个阶段是每个项目的发起人，即相关的运营总监，用一些因素来调整加权分数，例如增加收入或降低成本。最终，其中一位总监拥有最多的、较小的项目，他希望标准能细化，以帮助确定优先级。这对他们有帮助，对其他人没影响，所以这个计划外的敏捷开发被批准了。

最后一个阶段是谈判。满足监管合规的项目自动获得批准。在此之后，符合标准的最终项目组合确定了。然而，至关重要

的是，这些决定是由运营总监和首席运营官做出的。

最终的结果是 MoSCoW 优先级考虑的一系列项目中，其中“必须有”和“应该有”的项目都有了预算。此时，正是项目设想转为项目集和项目的时候。

当最终预算公布后，实际上，预算范围内的项目得到批准，而超出预算的项目被归为“可以有”的项目。

10 个敏捷项目组合创建技巧：

- 制定与战略一致的甄选和优先级标准。标准尽可能简单，不仅是为了项目组合构建，而且是为了项目组合变更管理，但要在需要的地方灵活使用它们。
- 明确项目价值，并且至少要符合其中一条甄选标准。
- 计算项目的成本。
- 风险和可交付性对于甄选也很有用，但不是关键。
- 考虑关键项目干系人的利益。当两个项目具有相同或接近的优先级时，项目干系人的需求可能会成为决定因素。
- 考虑至少进行两轮甄选。
- 选择一个合适的优先级排序方法，这也将形成项目组合的结构。
- 确保优先级列表与预算相匹配。
- 所提供的证据显著地提供信息，但不推动决策。

最后，请注意，除了重点项目外，决定项目组合的是人，因为数据终归只是数据。

管理敏捷开发项目组合

管理敏捷项目组合主要有两个方面：

- 监控项目组合，在必要时采取补救措施，并报告；
- 管理项目组合变更。

项目组合保证

敏捷意味着简单，展示价值，满足客户的需求，并保持灵活性。考虑到这一点，10 个技巧可以帮助建立敏捷性，进而控制项目组合：

- 满足组织治理和可视化控制项目组合中的项目集和项目的需要。
- 不仅要跟踪结果，还要跟踪其收益。
- 例外管理，但有深潜的能力。
- 要有证明进步的能力，也就是说，告诉我的同时也要展示给我看。
- 一种方法不能适用于所有情况，例如，小的、简单的项目不应该有与程序相同的开销。
- 保持数据和报告的一致性，并确保数据准确和最新。
- 尽量避免重复做一件事。
- 将报告与项目干系人沟通整合起来。
- 不要袖手旁观；
- 随时准备为方案和项目提供指导和援助。

- 只做到刚刚好。

另外两个方面也可以提供很大的帮助，它们是项目管理办公室和自动化的使用。

高价值的项目管理办公室所做的远不止整理数据和报告。就像鼓手是摇滚乐队的骨干一样，项目管理办公室应该是项目交付能力的骨干。下面的更多。

如果项目交付能力达到了 3 级，这时一个常见的 P3 工具可能会增加相当大的价值并节省大量的时间，提供以下特性：

- 能够确保数据一致性的公共数据存储库；
- 提交、查看、编辑和删除 P3 数据的能力；
- 能够提供数据，例如报告和项目仪表板；
- 在例外情况下，深入研究 P3 数据的能力；
- 为不同的项目干系人配置项目仪表板和报告；
- 性能趋势分析；
- 获得一系列项目数据：项目进度、风险、财务、完整性及行动；
- 呈现数据和分析的可视化；
- 与用户互动，例如通过电子邮件或 SMS 文本消息提醒项目暂停信息。

项目组合变更管理

变化会随时发生。正如第一次世界大战前，普鲁士军队的参谋长赫尔穆特·冯·毛奇（Helmuth von Moltke）说过：“没有万无

一失的作战计划。”或者就像有些人开玩笑说，“没有完美的商业计划”。

《敏捷软件开发宣言》宣称要接受变化，我赞同。但我想再次提出忠告，在项目领域，任何变化都必须保持或提高交付价值。

项目和项目集的变更控制已经很困难了。所有的变更都会扰乱项目，因此进行变更影响评估非常有意义。项目组合变更不仅会影响尚未启动的项目，还会影响正在进行的项目，这些项目可能会延迟、推迟、缩小范围甚至中断。请记住，受影响的项目都有沉没成本。更不必说一些气急败坏的项目干系人了。

提到项目干系人，因为你努力地创建基于优先级的项目组合，避免偷偷加入自己偏爱的项目。还要提防那些令人厌烦的项目干系人，反复提交不过关的项目。“哦，让项目通过吧，好让他们闭嘴。”你心里会默念，但是已经获批的项目可能因此受到影响。除了直接拒绝，处理这个问题的好办法是让他们与项目发起人谈谈。

这听上去很消极，但我并不是有意的。有效的变化将保持甚至增强项目组合的价值交付。新项目可能会层出不穷。

项目组合的变更请求也会扰乱对项目组合的有效监督。因此，项目组合变更管理必须是有效的，能够在中断和交付之间取得平衡。以下内容应该有助于敏捷项目组合管理：

- 建立定期报告和审查机制，这是信息流的一部分，与组织治理周期相匹配，例如月末财务和项目、项目集报告。
- 建立项目组合变更控制流程，既支持标准路径（应该尽可能灵活），也支持紧急变更的快速路径。
- 拥有与原始项目选择和优先级匹配的默认项目组合变更

标准。要进入项目组合变更管理，请求必须提供此证据。

- 当变更出现时，建议使用一种两阶段的方法。第一阶段是：
  - ★ 检验有效性，剔除明显较弱的变更请求；
  - ★ 评估紧迫性，应该通过快速或标准路径评估变更请求。
- 有明确的批准路径，最好是在管理和拥有项目组合的团队内部。

例子：商学院的运营项目组合

这所商学院有两个项目组合，一个与商学院的建筑和基础设施的变更有关，另一个与基于项目的学术活动有关。本例关注的是前者，尽管两个项目组合由同一个项目管理办公室支持。

项目运营小组分为建筑组、服务组、信息技术组和地面组。项目组合与当年预算和滚动三年商业计划相匹配。第二季度，出现了两个新项目。项目组合重新划分了项目和预算，并由每个组的负责人负责。

首先，在欧盟委员会澄清后，英国政府颁布的法规发生了变化（你应该能猜到项目开始的时间了吧），要求改变学生个人数据的保存方式。这并不是一个剧烈的变化，但要求在 6 个月内完成。项目管理办公室认识到监管变更后，立即将其向上汇报给首席信息官，首席信息官在一名高级商务分析师的简短审查后，批准了项目组合中的两项变更：第一，推迟一个小项目，将其推迟至下一年；第二，将项目变更纳入变更监管。

接下来，一辆送货卡车在冰上打滑，值班岗亭被严重损毁。这影响了四个小组的工作。需要一座临时建筑，用于包括信息技术在内的所有服务，以及在地面上临时绕道，以便重建。修建大楼的负责人立即游说她的同事，在重建项目（包括规划许可）正式走过项目组合变更流程时，同意租用临时活动房。运营预算的应急基金用于租用临时活动房屋和服务，并计入运营成本。

以上两个变更案例中，都遵循了正式法律条文，并得到了项目管理办公室的支持。项目管理办公室记录了变更的审计和决策过程。关键项目干系人之间的非正式沟通加速了决策，体现了同事之间相互信任的敏捷文化。

敏捷开发和项目管理办公室

正如上文提到的，项目管理办公室的范围是不同的，从单纯的数据收集和编写报告，到成为项目交付的中坚力量。他们的范围越大，获得的潜在价值就越大。他们不能对项目组合负责，这些是项目发起人级别的角色，但高价值的项目管理办公室具有以下特征：

- 项目管理办公室作为项目组合和相关预算的经理和监护人。
- 项目管理办公室作为项目组合效益管理的守护者。

- 项目管理办公室作为信息中心，不仅报告，而且在必要时就趋势和补救行动进行分析和顾问。
- 项目管理办公室作为与运营职能的枢纽接口，例如，通过人力资源、职能部门（内部资源）和采购（外部资源）进行资源管理；
- 通过财务、治理和审计进行财务控制。

项目管理办公室作为卓越中心：

- P3 标准的制定者，无须严格实践；
- P3 标准的适应性顾问，强制性的守护者，灵活的教练；
- 实践和同行评审社区的协调人；
- 教练和指导渠道；
- 专业人士和外部发展的协调链接

综上所述，项目管理办公室不可避免地会出现对立。一方面，它扮演着类似警察的监督角色；另一方面，它又是顾问，是手把手的教练。所以，存在信任问题不可避免。但也有各种各样的方法来解决这个问题。

→

- 在 P3 能力范围内，项目管理办公室有一个清晰的愿景和目的。
- 良好沟通的愿景。
- 敏捷文化，在一些强制性标准内促进灵活的工作，这意味着项目管理办公室可以帮助简化项目保证，同时维护强制性治理。
- 期望清晰且沟通良好的客户—供应商关系，是关于作为合作行为的基础条件：

- ★ 项目经理保持项目信息的更新；
- ★ 项目管理办公室可以使用它创建高达 90% 的报告，为项目经理发送的额外消息留下一些免费文本。

- 项目管理办公室分为两个部分：第一，治理和保证；第二，卓越中心。
- 两组之间人员的轮换。
- 项目和方案管理人员通过项目管理办公室轮转几个月。
- 项目管理办公室协调一个积极活跃的实践社区。

注意：重申一下，项目管理办公室可以负责项目组合及其管理，并保证和支持使用交付标准和框架。但项目管理办公室不能承担责任，因为这是高级管理层的责任。

请记住，项目管理办公室和项目组合管理的最大危险恰恰是它的成功，重要的是不仅要向组织交付价值，还要被大家看到并认可。我记得在一个董事会议上做了题为《罗马人为我们做过什么？》的演讲——这是一个鲜明而有趣的类比，想法来自喜剧团体蒙提·派森的电影《布莱恩的一生》(*Life Of Brian*)。演讲引起了一些人的注意，它让人们了解到，如果允许项目管理办公室健康发展，它可以发挥什么作用。

第9章

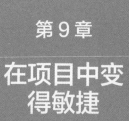

在项目中变得敏捷

CHAPTER 9

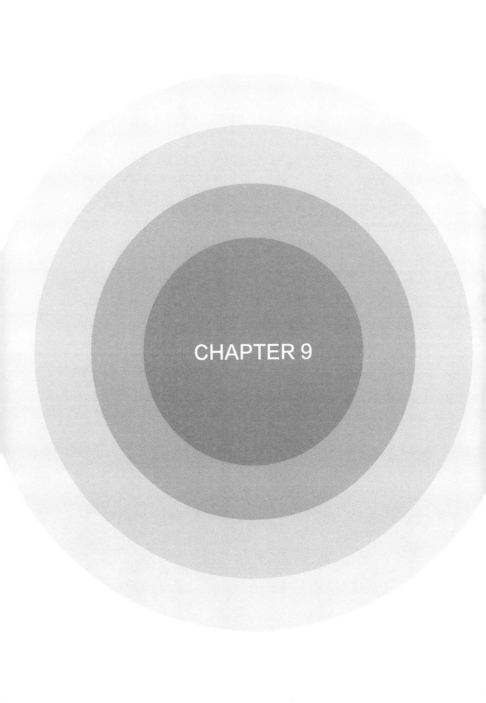

敏捷开发的程度

贯穿本书的主题之一是影响项目成功的两个维度：项目内部和项目外部，即组织环境。

到目前为止，本书已经介绍了提高项目交付成功（以及价值交付）最常见的举措是引入项目组合、项目集和项目管理框架、标准以及配套的项目管理办公室，将它们至少提高到能力成熟度 3 级。当然，这需要相当大的投资，已经有大量的事实表明，这样做确实给组织带来价值（图 9-1）。

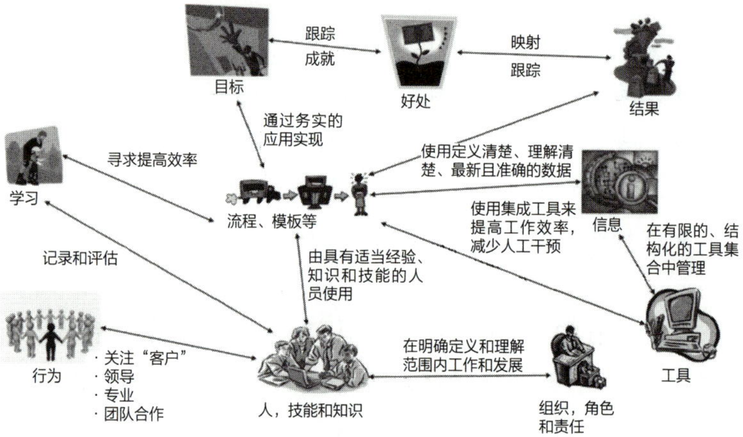

图 9-1　项目敏捷性的集成模型

继而引发了一个严重的问题，问题分为两部分。预计从敏

捷开发中获得多少价值？愿意在敏捷开发上投入多少？这里的投入指的是资金，但也包括人力资本，因为转型敏捷开发需要改变员工的思维方式。

图 9-1 显示了一个成熟的项目敏捷开发集成模型，我希望你对它有所了解。

经常有人问我：关于敏捷开发，我能不能只推进一点点？答案是肯定的，但是……“但是”是指：

→

- 如果限制了野心和投资，也就限制了交付价值。
- 如果行动力不足，或者三天打鱼两天晒网，结果可能弊大于利。

你要清楚地意识到，这是一条很难走通的道路：

→

- 资金和政治资本都有成本。
- 充满了来自强势项目干系人的反对。
- 失去了一些不认同这一观点的优秀人才，他们会离开。
- 日常运营会成为项目进行的阻碍。
- 这种变化充满了复杂和不确定性。

是的，有些让人难以接受，但实际上不该如此。谨记肯尼迪总统 1962 年 9 月 12 日在莱斯大学（Rice University）发表的登月演讲的一部分：“我们选择在这个十年里登月，并准备迎接其他挑战，不是因为它轻而易举，而是因为它困难重重。”

重要提示

| 对敏捷组织的发展，制定一个清晰的愿景。

敏捷开发管理的愿景、使命和策略

> 宜家：我们的愿景是为大家创造更美好的日常生活——不仅是为顾客，也为我们的同事和供应商。

虽然这个愿景来自家具用品零售商，但宜家的愿景声明为敏捷项目管理提供了有力的借鉴。愿景的第一部分列出了想为客户提供什么，而其余部分是关于员工和第三方。

另一个影响敏捷愿景的组织是英国项目管理协会。它们的愿景是：……致力于让项目管理成为所有人的生活技能，创建一个所有项目都能成功的世界。

如果你即将开始项目的敏捷开发之旅，我建议重新审视组织当前的愿景是否需要改变，特别是如果项目将成为向客户交付价值的核心，即组织机构的项目化。

当你开始让项目集管理转变为敏捷开发时，也需要一个愿景。即使简单明了如下：

> “为了提高项目交付的敏捷性，我们就可以提供更大的价值，更成功、更快地为客户提供服务。”

在 VMOST 模式下，使命为我们提供了长期目标。这是我喜欢用成熟度模型作为项目集变更的原因之一。成熟度模型向

我们展示了每个阶段实现后的样子。这意味着你可以根据可衡量的目标设定结果。如：

- 6 个月内我们将达到能力成熟度第 2 级，目标是……
- 15 个月后，我们将达到能力成熟度第 3 级，目标是……
- 24 个月内，我们将达到能力成熟度第 4 级，目标是……

战略可以连接业务和运营模型。战略的一部分将涉及组织将如何为客户和公司创造价值，并将发展成为商业模式。而战略的其他部分是组织战略，并发展成运营模式。运营模式是商业模式实现的基础。

赢得高层和其他项目干系人的支持

赢得高层和其他项目干系人的支持是项目敏捷之旅的起点。项目的敏捷性该从何开始？在首席执行官与大家交流时，把话题转向敏捷开发；或者读一篇《哈佛商业评论》的文章，比如“项目经济已经到来”；或者听取组织中某个权威人士的建议；甚至是从一个关于敏捷开发的失败案例开始，再与一个有能力的专家进行交流。

无论以何种方式开始，除非争取到高层的支持，否则项目转向敏捷开发是不会有任何进展的。争取到他们的支持是底线，没错，是底线。如果在一个商业组织，遇到的问题是：敏捷开发会带来利润吗？如果是在公共部门，可能更多的问题是为了经济性。所以这里提醒大家，敏捷开发最终可以为组织带来的诸多好处（图 9–2）。

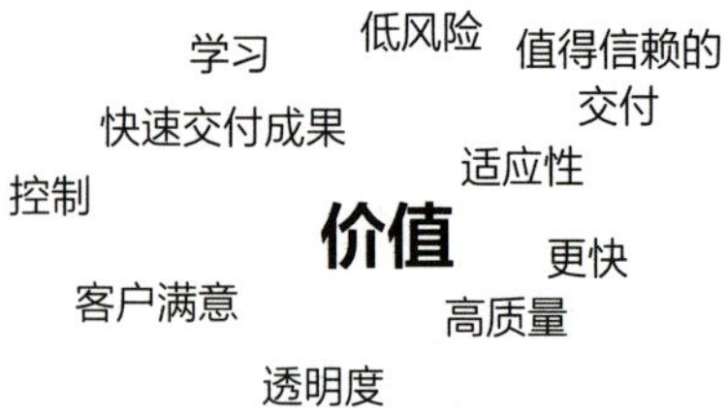

图 9-2　敏捷开发带来的价值

但也需要考虑其他因素，其中一些涉及人的因素：

组织因素：

支持

- 关键项目干系人或项目干系人施压要求改变；
- 我们正在失去竞争力，例如对行业的颠覆者，我们必须做些什么。

反对

- 关键项目干系人或项目干系人抵触代价高昂的变革；
- 我们的运营稳定、成熟——为什么要找麻烦？

个人因素：

支持

- 这将增加我的权威和影响力；
- 对我有利，对公司也有利。

反对

- 是否对我有利（如首席执行官、首席财务官、首席技术官等）？
- 我为什么要冒险？
- 我觉得公司经营得很好；

○ 项目？什么项目？

最后，敏捷开发的好处不在于项目，而在于组织和运行它的人如何获得价值。这就是它的卖点。

找出能给高层带来的价值，引发项目敏捷性变革。

避免陷阱

正如第 1 章的描述，针对敏捷开发，存在很多误区，比如把 Scrum 软件开发错当成项目管理。以下避免误入陷阱的八条建议应该会有帮助：

- 高级领导层必须彻底地理解敏捷，并积极引导项目干系人充分认可敏捷。
- 领导层准备着手建立敏捷支持型组织。
- 明确敏捷的目标。
- 明确敏捷的程度。
- 明确谁需要敏捷，并帮助他们实现。
- 确定业务流程需要如何改变。
- 确定哪些技术会有帮助，或者需要改变。
- 成为敏捷领导者，例如，践行敏捷价值观，沟通敏捷的愿景和目标，以及实现这些目标的结果。

总而言之，敏捷必须在顶层的带领和支持下才能获得成功。

切忌不分良莠、一刀切

我和合作伙伴同住在离英国萨默塞特郡约维尔小镇不远的地方。小镇保留了一些古老的建筑，它是 20 世纪 60 年代核心建筑被拆除的许多城镇之一。我并不反对修建新建筑，事实上，我热爱现代主义——现代主义本身已经有 100 年的历史了。我的合作伙伴是一位退休建筑师，他坚持认为，如果要建新的，就请建好。我非常认同他的观点。他坚持认为，为什么不用更好和更节能的材料改造旧建筑。令人感到痛心的是，为了建造新的而拆除一些旧东西。更痛心的是，新建的东西非常糟糕。

组织变革也是如此。在埃里克·亚伯拉罕森（Eric Abrahamson）2004 年出版的《无痛苦的变革》（*Change Without Pain*）一书中，他描述了被称为创造性破坏的愚蠢行为。没有经过深思熟虑就放弃，或者在利益实现之前草率地做出过多改变，都是破坏性的行为。如果一起放弃的还有人，尤其是年纪较大、最有能力而且花费成本最高的人，那么突然间，组织不仅丢掉了关键的知识和经验，而且还为此付出了代价。换句话说，切忌不分良莠、一刀切。

重要提示 | **变化需要建立在原有的基础上。**

与创造性破坏相反，亚伯拉罕森提出了创造性重组（creative recombination）的概念，其中的要素可以重新组合和构建，而不是一律废弃和替换。他明确了五种重组要素，具体如下：

人——员工；

关系——组织中人们之间的关系；
文化——价值观、规范、行为、非正式系统；
过程——日常经营，或项目活动、正式系统以及支持技术；
结构——组织构成、沟通渠道、报告。

回忆一下组织文化的冰山理论，其中的所有要素都可以归结到五个重组要素中。它们还可以归结到由人员、过程和工具组成的更简单的组合，稍后还会详细介绍。

对于在项目中实现敏捷开发，创造性重组还可以包括：

- 使用现有的工作结构，但要让它们更加灵活。
- 使现有的治理更加灵活。
- 如果已经实现 3 级项目能力成熟度，为实现敏捷性，继续提升到 4 级。

根据我的观察，如果项目能力成熟度已经达到了第 3 级，那么组织就会出现许多敏捷的特征，所以可以让它们继续发展。

敏捷开发管理成熟度模型

与亚伯拉罕森的创造性重组思想一致，我非常喜欢的变更工具是能力管理成熟度模型（Capability Management Maturity Model，CMMM），可以用来描述组织项目敏捷成熟度的不同阶段（图 9–3）。

能力管理成熟度模型开始评估过程，鉴于敏捷性大约 50% 依靠过程，50% 依靠人，加上技术对支持过程的影响。因此，

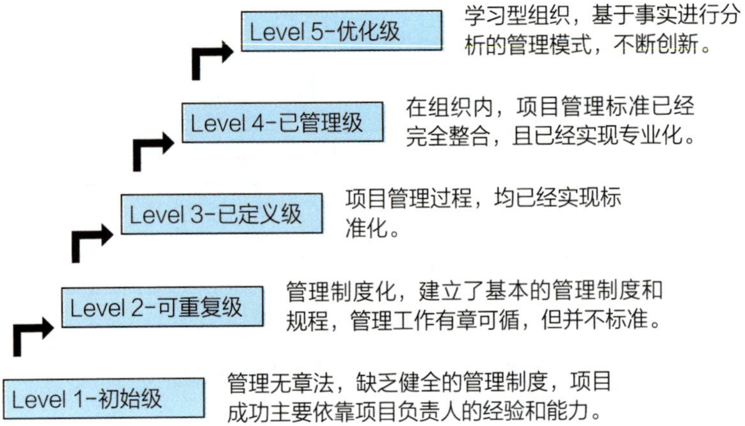

图 9-3　能力管理成熟度模型

可以利用人员、过程和工具在项目和组织层面构建项目敏捷性成熟度模型。

注意：亚伯拉罕森的五个创造性重组已被纳入人员、过程和工具这三大要素中（表 9-1、表 9-2、表 9-3）。

表 9-1　敏捷能力管理成熟度：人员

敏捷能力管理成熟度	组成
人员	
结构	董事会积极领导和推进项目，例如由董事会成员或非执行董事作为项目交付代表；
	董事会牵头开展项目敏捷性变革，由董事会成员作为项目发起人；
	企业项目管理办公室 PMO 作为控制主体；
	企业项目管理办公室 PMO 作为卓越中心；

续表

敏捷能力管理成熟度	组成
结构	项目、项目集以及企业 PMO 之间的互动；
	企业 PMO 和支持职能部门之间的互动；
	基于项目的活动地点（包括远程工作）；
	供应商需要支持基于项目的工作；
	明确授权及其灵活性。（决策权，责任制）；
	快速汇报机制（例如，针对风险、问题、变更控制）
关系	直属管理者和项目经理之间的资源分配；
	企业项目管理办公室和支持部门（例如，财务、人力资源、采购、法务、内部审计、企业沟通）；
	企业项目管理办公室作为卓越中心和项目实践培训机构；
	企业项目管理办公室和外部（培训师、教练、审计师、商学院、专业团体）
	项目负责人的团体；
	项目负责人和运营业务部门领导和部门经理；
	项目负责人和董事会；
	项目负责人与支持部门总监；
	项目负责人和客户高管；
	项目负责人和第三方高管
知识 / 技能 / 经验	项目管理技能 / 核心知识；
	放手型和适应性领导培训；
	协作和其他团队类型的发展培训指导；

续表

敏捷能力管理成熟度	组成
知识 / 技能 / 经验	项目的专业发展路径；
	结合项目和日常运营领导力的灵活的发展路径；
	项目、项目集和项目组合管理框架培训；
	项目、项目集和项目组合管理培训；
	项目负责人指导计划；
	为高管制定组织项目敏捷性培训；
	远程工作领导力培训和指导；
	远程工作培训；
	体现敏捷性的职位简介和职责描述
行为	参与项目的所有层面的人员建立敏捷思维；
	团队专注于为客户提供价值；
	默认的领导风格放手型领导；
	适应性领导作为目标能力；
	协作、自组织团队是默认能力；
	能够根据客户、项目和团队的要求调整行为
	团队和团队成员不怕失败；
	信任和开放；
	各级员工都表现出积极主动、积极进取的态度；
	恰当且审慎地运用所授予的权力；
	愿意分享知识和经验

表 9-2　敏捷能力管理成熟度：过程

敏捷能力管理成熟度	组成
核心过程	核心组织治理过程与基于项目的工作的关系（战略规划、商业规划、财务、采购、法律、安全）；
	核心项目、项目集和项目组合；
	管理过程，模板，工作过程和决策点，例如阶段关口门（P3 框架）；
	P3 框架适应地指导项目规模 / 复杂性的风险；
	强制性（最优）治理的定义以及保证标准；
	强制性（最优）治理的定义以及保证标准指南；
	绩效测量过程和报告；
	支持企业和企业的资源计划日常工作和项目工作；
	在内部资源分配上的灵活性，外包和承包商之间的资源分配，例如填补空白；
	综合控制和报告时间表（组织、治理、投资组合、规划和项目）；
	学习分享过程与实践
支持过程	支持核心所需的过程如人力资源，采购，法律，安全，内部审计和公司通信
	资源采购（永久、合同）；
	服务采购和合同；
	关于获得和使用支持 / 共享的指导服务
政策标准	业务模式映射到（目标）运营模式包括照常经营和基于项目的工作；

续表

敏捷能力管理成熟度	组成
政策标准	反应敏捷性的组织价值观，例如授权、自组织和协作；
	“提供”的声明，将吸引和留住敏捷组织的人才；
	项目风险偏好的政策和指导；
	非正式和假定的政策和指导权威；
	灵活的采购政策支持敏捷基于项目的工作；
	框架供应商协议允许敏捷的工作；
	支持供应商合同和时间表；
	协作和其他类型的工作；
	远程工作政策；
	安全和隐私政策和标准

表 9-3　敏捷能力管理成熟度：工具

敏捷能力管理成熟度	组成
工具	计划工具的选择和使用的关系工艺和工作实践的成熟度；
	支持核心所需的信息系统并支持过程；
	所需的设备和技术；
	执行核心和支持过程，远程工作和使用指导；
	内部社交媒体工具和使用指南；
	协作工具和使用指南；
	组织云存储和使用指南；

续表

敏捷能力管理成熟度	组成
工具	集成工具以支持项目工作以及其他管理系统；
	配置支持 P3 及相关工具过程

为了保持敏捷性，敏捷能力管理成熟度应该是对具体组织做出适宜性调整。

敏捷开发路线图

敏捷开发是一个重大的组织变革计划，应该被谨慎对待。

人员和技术成果可能是最具挑战性的。思想和行为的改变是核心；因此，项目干系人管理和沟通至关重要。记住德鲁克说过的一句话：在一家企业里，决定公司成败的不是战略，而是企业文化。因此，要有意识地打造所需要的文化，否则就有可能得到一种你不期待的文化。早期的风险分析会告诉你这一点，以及本书中包含的技巧。建议使用冰山模型来确定哪些需要改变，记住亚伯拉罕森的理论，哪些可以建立在这些基础上。

技术上的挑战将是技术上的，也可能是采购难题。有哪些 P3 支持工具？如何进行整合？如何对现有的项目里程碑做出修改？

在项目、项目集和项目组合层面上的过程适应更多的是关于使用而不是改变过程本身。如果有高级管理层的意愿和动力，组织层面的过程应该不难。

项目集的战略可能需要包括：

- 项目干系人管理战略；
- 技术战略；
- 采购战略；
- 整合与实施战略；
- 过程策略。

我将这部分称为“敏捷路线图”，因为我认为敏捷更像是一次旅程，路线图非常合适。路线图应该是一个分阶段的计划，表示敏捷能力管理成熟度和它的阶段结果，这是非常方便的。

每个阶段将至少包括四个要素：

- 人员；
- 过程；
- 工具；
- 项目干系人管理和沟通。

尽可能在项目中建立敏捷。即使有良好的风险和项目干系人管理，问题、风险和争议也会随时冒出来。尽可能地授权团队，尤其是项目发起人，这样他们就可以在需要的时候迅速表现权威。这就是项目发起人建议是董事会级别的原因。

虽然这必须是一项由领导主动发起，但在一开始，组织文化冰山中的一部分就应该明确：专业知识、好的实践方法和工作方式。这样做有四个原因：

- 切忌不分良莠、一刀切；

- 通过减少要做的变更数量来降低变更成本；
- 它让项目既可以是自下而上的，也可以是自上而下的；
- 通过鼓励人们拥有和参与工作方式来增强他们的能力。

重要提示 | **最重要的是，这些都不是偶然发生的。**

祝你旅途好运！

第 10 章

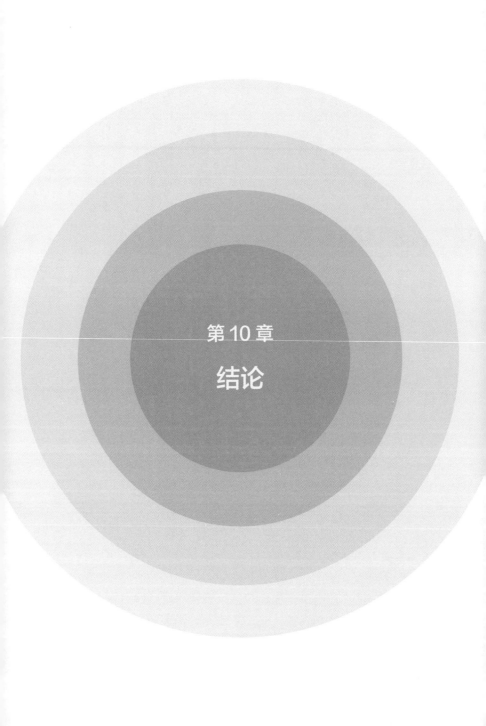

结论

CHAPTER 10

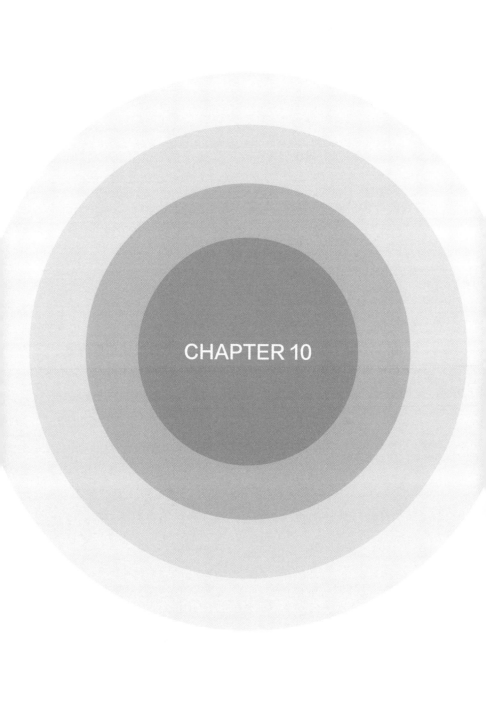

在前言部分，我说过撰写本书的目的和敏捷开发的推动力主要有两个：

- 不接受敏捷开发思维的组织会在市场份额或业绩上遭受损失。
- 敏捷开发是一个框架，在这个框架中，项目绩效逐步变化，最终实现价值交付。

在本书中，我反复强调的一个主题是项目的成功或失败。这不仅取决于项目内部，还取决于组织内部发生的事情。

有证据表明，推行敏捷开发的组织已经获得了巨大好处，敏捷开发是令人信服的。因此，将敏捷开发应用于项目是毋庸置疑的选择。

这是第一个结论。

第 3 章表明，令人遗憾的是，任何通往敏捷开发的旅程都充满了陷阱和错误信息。但这是可以避免的，我们要未雨绸缪。

这是第二个结论。

本书的主体部分展示了应用敏捷开发后成功的项目。正如人们已经指出的，敏捷开发看起来像是成功的项目管理方法。

这是第三个结论。

如果你或你的组织希望实现持续成功的项目管理，甚至保持卓越的项目管理绩效，那么就要像高绩效项目组织所做的

那样，采用综合方法，正如组织项目管理框架（OrgPM 框架）所示。

这是第四个结论。

通往高绩效的旅程本身并不容易，需要路线图，比如有一套能力管理成熟度模型定义的组件，这些组件可以按标题分组：人员、过程和工具。

这是第五个结论。

把所有这些放在一起，敏捷开发的框架可以成为个人增长和维持高绩效项目能力的模型。由于这将对你的业务产生变革性的影响，因此，应该通过业务转型计划进行管理。

这是最后的结论。

董事会成员和项目专业人士，主动权在你们手中，放手大胆地去做吧！

附录

关于精益管理与敏捷开发的知识

在第 2 章中，我提出，虽然精益管理和敏捷开发作为术语看似是可以互换的，但应该将它们加以区分，避免混淆。

精益管理起源于不断重复的运营业务流程，而敏捷开发则更多地与有始有终的活动相关，通常是基于项目的活动。应该使用这种方法加以区别。

第 2 章所解释的精益管理过程可能会使问题变得模糊，所以这里有一些附加的解释和例子，供感兴趣的人查看。

首先是一个简单划分，接下来我会进一步解释。

- 精益管理适用于连续过程，比如生产线。
- 敏捷开发适用于有限过程，比如项目活动。

尽管可以追溯到很远的历史时期，但精益管理普遍被认为是日本汽车工业的副产品，尤其是 20 世纪 40 年代后期的丰田公司，将精益管理作为改善其连续生产过程的工具。

精益管理由循环的五个步骤组成。步骤 1 是确定价值，例如制造或服务管理。步骤 2 识别价值流，识别任何不必要或低效的活动。步骤 3 是价值流动，在过程的各个方面（如任何窄点）收紧。步骤 4 是需求拉动，识别能够所谓“拉平”的因素。

拉平可以触发过程中的下一步。例如，你可能会制造各种零件，但直到收集并准备好所有所需的零件，才可以组装。准时制生产（just in time，JIT）由此诞生。到步骤 4 结束时，获得最新的效率级别。步骤 5 是尽善尽美，持续地对过程进行改进，才能不断超越现状。从步骤 5 开始再次循环。当通过精益管理的 5 个步骤时，另一种精益管理技术经常被用到，这就是精益六西格玛。

几年前，我有幸与一家优秀的公司合作，这家公司既进口咖啡机也进口咖啡。公司为客户提供和维护咖啡机，客户类型多样，从咖啡店到连锁店，再到酒店和餐饮公司。同时，公司也为客户供应咖啡。

公司发展迅速，快速发展导致了一些运营问题。我受邀对公司经营进行调查并施以精益管理（图附–1）。

步骤 1：我采访了公司的高级管理人员和客户，确定客户价值和需求，包括在现有情况下，没有实现的需求。我尽可能量化客户需求，比如供应延迟的时间和客户投诉频率。

步骤 2：通过访谈、观察和记录，相对于实际运作，建立了组织运作规范模型。

步骤 3 和步骤 4：关键结论是，部门内部的工作都是规范的，但问题产生于部门之间的交接环节。比如需要维修的机器，无法在现场维修。

- 工程师把需要维修的机器运进工厂，到达车间时，进行登记。
- 由于车间没有多余的空间，待维修机器通常会被放在仓库里。

- 车间接到工程师的通知说有机器需要维修，但没有告知机器存放在仓库。原因是之前公司规模较小，工作量较少，待维修的机器会直接存放在车间。
- 车间知道必须在客户服务水平协议规定的时间内完成维修。
- 车间的计时从工程师或仓库收到机器时开始。
- 对进入仓库的待维修机器没有严格管理。有时很难区分待修理、准备回收和报废的机器。

公司遇到的问题是糟糕的维修工作过程和车间相关的资源不足。这一问题一直没有被发现，是由于统计的工作量比真实的工作量少 10%~15%。

步骤 5：采取的措施包括每月回顾车间的工作过程和资源使用情况。

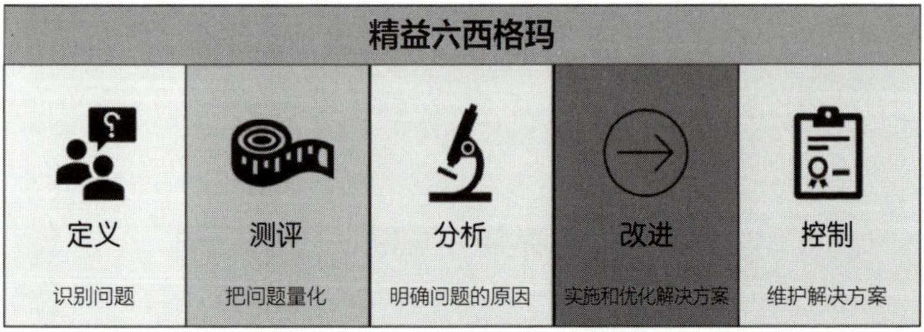

图附 -1　精益六西格玛模型

很明显，精益管理已经发展了，并且主要用于组织中的连续过程，而敏捷开发则来自有限周期软件开发。根据经验，将精益管理用于连续过程，而将敏捷开发用于基于项目的活动是有意义的。

例子：机场交通分析

我曾了解有机场用精益六西格玛来增加飞机的起降次数。即使是很小的百分比的增长也可能使年收入增加数千万美元。

精益六西格玛分析非常详细地识别和量化了影响飞机起飞和降落时间的许多因素。在停机坪上，不仅要控制飞机的移动，还要控制车辆（燃料卡车、行李车、公共汽车等）的移动，再加上定期检查跑道等。而在航站楼内，需要考虑旅客的安检通过率、乘客到达登机口的准时情况、装载时间、航班高峰期等因素。此外，还要考虑空中交通管制，包括空域竞争和等待时间。

这两个实例都是日常运营操作——重复的日常业务流程，精益管理是从这些流程中诞生的，并且适合这些运营业务流程。

致谢

首先，我要感谢许多人，与他们的交谈深刻影响了本书及其内容。他们都是了不起的从业者：斯蒂芬·卡弗教授、阿德里安·杜利、肖恩·吉尼斯（Sean Guinness）、大卫·希尔森博士（风险博士）、斯蒂芬·琼斯、史蒂夫·梅辛杰和史蒂夫·威克（按姓氏排序）。

再次感谢史蒂夫·梅辛杰和史蒂夫·威克，感谢他们阅读本书。

感谢与我合作过的许多组织和团队，为我提供了丰富的经验，学习和发展能力和拓宽思路的机会。特别感谢 Wrangu 公司的首席执行官李·格兰特（Lee Grant）。他多次成为我的客户，对我有很好的影响，和他一起工作总是令人愉快，自始至终我们都是朋友。

在我的职业生涯中，我要感谢很多人，主要是英国项目管理协会的许多同事。感谢布莱恩·韦纳姆（Brian Wernham）对我的敏捷开发之旅的影响，以及在此期间对我的支持。

我在英国项目管理协会工作的几年是不断成长的，有时发生了争辩，但对我来说总是有启发性的。那个时代对我影响很大的人是约翰·查普曼（John Chapman）和令人怀念的保罗·雷纳（Paul Rayner）。我也没有忘记多年来领导我们和 ProgM 的那个人。本书同样献给深受怀念的“项目管理之父”——杰夫·瑞斯（Geoff Reiss）。

对一本书来说，编辑往往是默默无闻的英雄。因此，我当然要感谢乔纳森·诺曼（Jonathan Norman），他中肯、直接，总是提出建设性的批评。

最后，这本书也献给陪伴我30多年的伴侣——戈登（Gordon），他给了我很大的支持，时常鼓励我坚持下去。